Christian Heinrich Spiess

Die Reisen und Abenteuer des Ritters Benno von Elsenburg im Jahre 1225

Dritter Teil

Christian Heinrich Spiess

Die Reisen und Abenteuer des Ritters Benno von Elsenburg im Jahre 1225
Dritter Teil

ISBN/EAN: 9783744703321

Hergestellt in Europa, USA, Kanada, Australien, Japan

Cover: Foto ©ninafisch / pixelio.de

Weitere Bücher finden Sie auf **www.hansebooks.com**

Die Reisen und Abentheuer des Ritters Benno von Elsenburg im Jahre 1225.

von C. H. Spieſs.

Ich habe vergeben, ich will auch vergeſſen!

Dritter Theil.

Leipzig
bei Voſs und Compagnie 1796.

Inhalt.

Vier und dreißigstes Kapitel.

Welches eigentlich das erste Kapitel des ersten Theils hätte seyn sollen, wenn es nicht eben hier zur Beförderung der höchst nöthigen Aufklärung an rechten Platz stände   Seite 1

Fünf und dreißigstes Kapitel.

In welchem die ganze Geschichte vom Anfange beginnt, über Dämmerung und Finsterniß helles Licht verbreitet   196

Sechs und dreißigstes Kapitel.

In welchem die Geschichte wieder vorwärts schreitet   S. 398

Sieben und dreißigstes Kapitel.

Die Rache beginnt, die Rächer rüsten sich und vollenden   422

———

Die

Reisen und Abentheuer

des

Ritters Benno von Elsenburg.

——•——

Dritter Theil.

Vier und dreisigstes Kapitel.

Welches eigentlich das erste Kapitel des ersten Theils hätte seyn sollen, wenn es nicht eben hier zur Beförderung der höchst nöthigen Aufklärung am rechten Plaz stände.

Mathilde, Margräfin von Toskanien.

Die Geschichte dieser berühmten Frau ist wohl niemanden ganz unbekannt. Wer erinnert sich nicht mit heimlichem Ingrimm, daß einst in ihrer Burg zu Canossa der Kaiser der edlen Deutschen, der bedrängte Heinrich, im schimpflichen Bußgewande dulden, und sich vor dem übermüthigen Gregor demüthigen mußte? Wer weiß nicht, daß ihr großes Erbe länger als hundert Jahr der Zankapfel zwischen den Kaisern und Päpsten war, und daß die Edlen der Lombarder es höchst ungerne sahen, als die leztern es endlich behaupteten, und das Patrimonium Petri nannten?

Der Sage nach hatte Mathilde alle ihre Länder der Kirche in einem Testamente vererbt, der Sage nach gebahr sie ihren drei Männern keine Kinder. Ich will dieser allgemeinen Sage nicht widersprechen, und nur erzählen, was ich in einem alten Manuskripte las, dessen Glaubwürdigkeit ich freilich auch nicht verbürgen kann, weil ich nur eine Kopie besitze, und der Verfasser sich nicht nennt.

Papst Gregor, erzählt mein Geschichtschreiber, starb im Elende, aber er starb mit dem süßen Bewußtseyn, daß Markgräfin Mathilde durch seine mächtige Ueberredungskraft der Kirche alle ihre Länder vererben, und ihr ein sicheres Einkommen gründen würde, welches ihr bisher immer mangelte. Nach ihm bestieg der Abt Desiderius vom Monte Casino unter dem Namen Wiktor den päpstlichen Thron, machte aber schnell und bald Urban dem zweiten Plaz, welcher nach seinem frühen Tode zum Papste erwählt wurde. Dieser verdrängte den Afterpapst Klemens aus Rom, und suchte sich mit dem mächtigen Deutschland auszusöhnen. Um wenigstens einen der mächtigsten Fürsten in sein Interesse zu ziehen, achtete er des Künftigen nicht, und beredete die der römischen Kirche noch immer gleich stark ergebne Mathilde dem jüngern Welf, einem Sohne des Herzogs von Baiern, die Hand zu reichen. Der Herzog nahm dieß Anerbieten an, weil er mit Grunde hoffte, daß Mathilde seinem Sohne als ihrem künftigen Gatten ihre Länder vererben würde. Urban hoffte hingegen, daß die schon über vierzig Jahre alte Mathilde keine Kinder mehr gebähren, und, ungeachtet der neuen Verbindung, das der Kirche geleistete Versprechen gewissenhaft erfüllen würde. Er hoffte dieß um so sicherer, weil Mathilde ihm mehr als einmal erklärte, daß sie nur aus Liebe zur Kirche, nicht aber aus Neigung den jungen Herzog heurathe.

Der Erfolg entsprach anfangs ganz der Erwartung des listigen Urbans. Der tapfere und kühne Herzog erschien zu rechter Zeit, um den Kaiser Heinrich an der Einnahme der Mathildischen Länder zu verhindern. Er ward durch seinen tapfern Widerstand, durch die Händel, welche indeß der alte Welf in Deutschland erregte, gezwungen, dahin zurük zu kehren, und die Zerstöhrung des ihm mit vollem Rechte verhaßten Canoſſa aufzugeben. Urban feierte dieſen Rükzug mit glänzenden Feſten, er kam, um Mathilden und ihrem Gatten für den mächtigen Beiſtand zu danken, und ſah mit Erſtaunen, daß Mathilde ihren jungen, ſchönen und tapfern Gemahl innig liebe, mit ſeltner Zärtlichkeit an ihm hange, ihn höchſt wahrſcheinlich zum Erben all ihrer Länder einſezzen würde. Um dieß zu verhindern, ſuchte er den ehelichen Frieden auf alle mögliche Art zu ſtöhren, und der Vermehrung der Liebe Gränzen zu ſezzen. Er blieb an ihrem Hofe, und gab allen ſeinen Begleitern den gemeſſenen Auftrag, Mathilden ſtets zu umgeben, und ſie durch triftige Gründe in ihrem Vorſazze zu verhindern.

Wahrſcheinlich würden alle dieſe Maßregeln nichts gefruchtet haben, wenn der junge, feurige Herzog ſeinen Feinden nicht ſelbſt die

Waffen, mit welchen sie ihn in der Folge nur allzu glüklich bekriegten, in die Hände gelieferr hätte. Er war nie den Pfaffen hold gewesen, konnte es jezt nicht gleichgültig ertragen, wenn täglich eine große Menge seinen Speisesaal füllte, und er demüthiglich im Hintergrunde stehen mußte. Er fand keine gültige Ursache, diesen Besuch zu hindern, seine Gattin achtete ihn für eine große Ehre, und äußerte offen ihren Unwillen, wenn er diese nicht allemal schäzte. Um seinen Mißmuth zu verkürzen, zog er oft auf die Jagd, suchte angenehmere Gesellschaft, und vergaß tagelang seiner Gattin, die daheim vergebens seiner harrte, und oft ihrer betrognen Hoffnung Worte gab.

Lange glükte es den Listigen nicht, wenn sie durch bedeutendes Achselzukken, durch heimliches Geflüstere und einzelne Worte im Herzen der Gattin Argwohn zu erregen suchten. Immer fanden sie solche wieder heiter und ruhig im Arme des Herzogs, wenn er zur Nachtzeit von seinen Streifereien rükgekehrt war, und die Gattin durch Versicherung seiner Treue besänftigt hatte. Sie ahndeten bald, daß ihre Gegenwart dem Herzoge lästig sei, und verdoppelten sie dann immer, um ihn bald zum neuen Abschiede zu bewegen. Diese List gelang stets. Wenn sie zahlreich erschienen, so schwang sich der Herzog auf sein Roß, und jagte von dannen.

Als einige Monden auf diese Art verflossen, und Mathildens Zärtlichkeit sich wirklich schon minderte, erhielte der Herzog Eilboten von seinem Vater, welche ihn benachrichteten, daß er in einer mächtigen Fehde begriffen sei, und seines Sohnes tapfern Armes bedürfe. Wenn Kampf und Sieg winkt, so weilt der tapfere Deutsche nie, dem erstern entgegen zu eilen, um die Früchte des leztern zu ernden. Er machte seinen Entschluß der Gattin kund, sie widersprach nicht, aber sie wähnte mit Recht, daß Mangel an Liebe ihn erzeugt habe, weil ihre treuen Rathgeber es für unwahrscheinlich achteten, daß der mächtige Bairische Herzog des Arms eines Einzigen bedürfe, vielmehr einstimmig glaubten, daß Sehnsucht nach dem geliebten Vaterlande und noch wahrscheinlicher gesättigte Liebe diesen seltsamen Entschluß veranlaßt hätte.

Der Abschied war von beiden Seiten kalt und zurükhaltend. Jeder Theil achtete Entfernung für das Beste, weil er in Gegenwart so vieler Zeugen, nicht offen reden wollte. Als der Herzog schon wirklich durch zwei Monden lang in Deutschland kriegte und siegte, fanden Urbans Anhänger Mathilden ungewöhnlich traurig, sahen es oft deutlich, daß sie im Stillen geweint habe. Sie forschten emsig nach der Ursache ihrer Trauer, und erfuhren endlich zu ihrem größten Erstaunen, daß Mathilde sich schwanger fühle, bey dieser Empfindung sich emsig des ehemals so zärtlichen Gatten erinnere, und jezt durch seine auffallende Gleichgültigkeit, die ihr gar keine Nachricht von seinem Wohlbefinden gewährte, tief gekränkt werde. Diese unerwartete Nachricht schien mit einmal alle Hoffnung zur künftigen Erbschaft in Urbans Herzen zu vereiteln, er bereute jezt innigst, daß er diese Heurath selbst gestiftet habe, sann vergebens auf neue Rettungsmittel, und mußte es der Zukunft überlassen, ob sie nicht Auswege zeigen, wenigstens andeuten würde. Um indeß nichts zu versäumen, wandten seine treuen Freunde alles an, Mathilden den Vater des Kindes, und auf diese Art das Kind selbst verhaßt zu machen. Sie erschienen bald mit traurigem Blicke vor ihr, und machten es ihr nach langer und innigster Beileidsbezeugung kund, wie sie sichere Nachricht aus Deutschland erhalten hätten, daß der treulose Herzog in den Armen einer Buhlerin schwelge, wohl schwerlich jemals wieder nach Italien rükkehren würde. Diese Nachricht verwundete Mathildens Herz tief, sie war sehr zum jähen Zorne geneigt, und verfluchte im Ausbruche desselben die Stunde, in welcher sie den Treulosen als Gatten umarmte.

Der junge Herzog ahndete von allen diesen Ränken in Deutschland nichts. Er gedachte oft im Kampfe der Gattin, aber, wenn er sich ihres kalten Abschieds erinnerte, da erwachte immer sein Stolz, er achtete es für unanständig, daß ein Mann seinem Weibe nachgehen solle, und sandte ihr keine Boten, weil er den ersten von ihr erwartete, der freilich nie ankommen konnte, weil seine Feinde zehne derselben absichtlich zurükhielten, und sie nach gehöriger Frist ohne Rükantwort und mit der kahlesten Entschuldigung vor Mathilden erscheinen liessen. Mathilde hatte durch den leztern ihrem Gatten schriftlich ihren Zustand kundgemacht, sie raste und wüthete, als er ohne ein Schreiben rükkehrte, und hoch betheuerte, daß der Herzog bei Empfang des Briefes kalt gelacht, und laut versichert habe, daß er einem Mädrchen dieser Art nie Glauben beimessen werde.

So stand die Sache, als wider Vermuthen der Kampf sich endigte, und der Vater den jungen Herzog ernstlich mahnte, daß er nach Italien rükkehren, und durch kluges Betragen sich Mathildens Erbtheil erwerben solle. Der Sohn mußte gehorchen, und zog voll Mißmuth gen Italien, weil er nun wieder in Pfaffengesellschaft unthätig leben, nicht Ruhm und fernern Sieg im deutschen Vaterlande ernden sollte. Wie er über die Alpen zog, ward er von einer großen Räuberhorde angefallen, die sein Gepäkke rauben, ihn sammt seinem Gefolge ermorden wollte. Er kämpfte wacker, schlug die Räuber in die Flucht, und erbeutete eine edle Jungfrau, die sie in Italien geraubt hatten, wahrscheinlich mit nach ihren Höhlen schleppen wollten. Er nahm ihren heissen Dank statt Lohn, und da er hörte, daß sie eine Anverwandte des Fürst Spoleto sei, so ließ er sie in der Mitte seines Gefolgs ziehen, um sie sicher in die Arme ihrer Freunde zu liefern, und diesen zu beweisen, daß er ihr Retter ward.

Schon, ehe er sich Canossa nahte, ward es ihm durch die Erzählung einiger Edlen kund, daß Mathildens Palast täglich mit vielen Pfaffen angefüllet sei, sie nur in ihrer Gesellschaft froh lebe, und aus dieser Ursache oft den Besuch der Edlen, rings umher stolz zurükweise. Der Herzog ward über diese Nachricht sehr erbittert, er zögerte absichtlich mit seinem Zuge, und langte erst um Mitternacht zu Canossa an. Sein Blick erheiterte sich, wie er die Fenster der Burg nicht erleuchtet sah, und daher keine geistlichen Zecher mehr darinne vermuthete, aber er trübte sich wieder sehr mächtig, als er durch die Wächter erfuhr, daß am Abende vorher die Margräfin Mathilde mit ihrer ganzen Hofstatt die Burg eilend verlassen habe, und von vielen Pfaffen begleitet, nach Modena gezogen sei. Eben erwog er, ob er ihr am künftigen Morgen folgen, oder sie hier erwarten solle, als einige rükgebliebene alte Diener ihm offenherzig gestanden, daß ihre edle Frau seine

Ankunft erfahren habe, und wahrscheinlich deswegen so schnell abgereist sei. Diese sichtbare Verachtung reizte den Stolz des edlen Deutschen, er schwur in diesem Augenblikke, daß er ihr nicht folgen, und den übereilten Schritt nur dann vergeben würde, wenn sie reumüthig und bittend zu ihm zurükkehre.

Er erfüllte diesen Schwur als Mann. Besser für ihn und seine unglüklichen Nachkommen, wenn er ihn nicht gethan, wenigstens die Folgen desselben reiflicher erwogen hätte. Mathilde wäre dann sicher überzeugt worden, daß eigennüzzige Freunde sie irre führten, und hätte in der Folge gewiß als Gattin und Mutter gehandelt. Jezt leiteten auch sie falsche Begierde nach Rache und Trug voller Irrwahn. Sie harrte ehe sie von Canossa auszog, noch immer einer Bothschaft von ihrem Gatten entgegen und war eben mehr als je zur gänzlichen Vergessenheit seines Kaltsinns geneigt, als ihr viele ihrer Freunde die Nachricht brachten, daß ihr Gatte nur noch eine kurze Tagreise von Canessa entfernt sei, aber aus Deutschland eine Buhlerin mit sich führe, die er wahrscheinlich ihr zum kühnen Trozze auf die Burg geleiten, und vor ihrem Angesichte mit ihr buhlen würde. Lange bezweifelte die liebende Mathilde diese Schrekkenspost, als aber selbst einige Edle, die sonst des Herzogs Freunde waren, die Nachricht der Pfaffen bestätigten, da wüthete sie fürchterlich, und beschloß sogleich, ihm die Oeffnung der Burg zu versagen, und durch den Geringsten ihrer Diener kund zu machen, daß sich die Markgräfin von Toskanien zu stolz dünke, einen treulosen Gatten mit seiner Buhlerin in ihrer Burg zu beherbergen. Dieser Vorsaz war nicht nach dem Willen der Verbündeten, sie wußten wohl, daß er eine Dirne mit sich führe, aber sie ahndeten nur, daß sie eine, und wünschten nur, daß sie seine Buhlerin sei. Mathildens Bothschaft hätte sicher eine Antwort nach sich gezogen, und dann konnte es sehr leicht geschehen, daß nähere Erklärung den so günstigen Zufall in ein Nichts verwandle. Dieß zu verhindern, jede Erklärung zu vermeiden, riethen sie einstimmig, daß sich Mathilde mit dem rohen und kühnen Deutschen in keinen unnützen Wortwechsel einlassen solle. Meidet, sprachen alle, seine Gegenwart, flieht sein Angesicht, zieht gen Mantua hinab, und beschließt dort mit kaltem und wohlbedächtigem Sinne, wie ihr seinen kühnen Spott, seine offenbare Untreue rächen und bestrafen wollt. Mathilde ergriff diesen Rath mit Freuden, es war ihrem Herzen unerträglich, den ehemals so theuren Gatten am Arme einer Buhlerin zu erblikken.

In ihrem Schooße ruhte das Pfand seiner Liebe, die er jezt so meineidig brach. Sie fühlte die Rechte einer Gattin, die sich in diesem Zustande so ansehnlich mehren, und achtete sie alle tief verlezt, innig gekränkt. Sie befahl in hastiger Eile Aufbruch, und war schon weit entfernt, als der Herzog sich ihrer Burg näherte.

Dieser bezog im stillen Ernste seine Gemächer, und gebot, daß man Spolettos Verwandte wohlbewirthen, ihr einige von Mathildens Gemächern zur bessern Pflege einräumen möge. Als dieß die heimlichen Späher, welche die Pfaffen in Menge rükgelassen hatten, sahen, folgte sogleich ein Eilbothe Mathildens Zuge, und brachte ihr die Nachricht, daß der Herzog um Mitternacht mit seiner Buhlerin zu Canossa angelangt sei, und dieser, zum größten Erstaunen aller ihr erge-

nen Unterthanen, als Beherrscherin in Ma:
thildens Gemächer eingeführt habe. Sie ruht,
fügte der Bothe hinzu, wahrscheinlich noch
auf euerm Lager, und spottet der entflohnen
Gattin. Diese Nachricht, welche in aller
Herzen heimliche Freude erregte, bestimmte
Mathildens in der Geschichte bekannten Ent:
schluß. Nie, rief sie aus, soll der Treulose
mehr als Gatte an meiner Seite stehen, zer:
reissen will ich mit starker Hand die Bande,
welche mich an ihn fesseln, und sollte mein
Herz darüber verbluten. Nie soll er erfahren,
daß er Vater ward, nie soll sein Kind die
Güter der Mutter genießen, die der Vater
so tief kränkte. Art läßt nicht von Art, es
würde dem undankbaren Kukuke gleichen, und
seine Erndhrerin einst würgen. Ehe es die
Augen öffnet, will ichs von mir stoßen, die
Liebe der Mutter standhaft unterdrükken, und
es dem Ungefähr zum Raube überlassen. Es

soll leben, um in Armuth zu schmachten, um alle Mühseligkeiten des Lebens zu fühlen, um dort einst sein Ankläger bei Gott zu werben, und in seiner Gegenwart den schändlichen Vater zu fragen: Warum es die Mutter so tief kränkte, zu dieser gerechten Rache verleitete? Dieß schwör ich, dieß will ich halten all mein Lebelang, so wahr mir Gott helfe!

Ich bin nicht mehr des Herzogs Gattin, fuhr sie fort, indem sie sich zu ihren Begleitern wandte, euch kommt es zu, eine Ehe zu trennen, deren Rechte er so schändlich verletzte. Voller Lohn soll euch dafür werden, die Kirche soll zum Danke der Erlösung mein Erbe mit dem Bedinge erhalten, daß sie fernerhin die Rechte des gekränkten Weibes vertheidige, und es jederzeit vor dem männlichen Tyrannen schütze. Daß dieser Antrag allen Verbündeten äußerst angenehm war, daß sie sich kräftig mühten, ihn in schneller Eile zu fördern, wird man ohne meine Versicherung wohl glauben. Noch am nehmlichen Tage zogen zwei der beredtsten und gewandtesten Römer nach Canossa, sie hatten Mathildens schriftliche Vollmacht, den Herzog mit Güte und Sanftmuth zur Ehescheidung zu bereden, ihm aber nebenbei zu versichern, daß keine Macht der Erde sie zwingen werde jemals wieder als Gattin an seiner Seite zu erscheinen. Die Ursachen, welche Mathilden zu diesem Schritt bewogen, waren freilich nicht in der Vollmacht enthalten, doch versprachen die Gesandten, ihm diese mit trocknen Worten kund zu machen, und zu beweisen, daß Mathilde an dem Ungetreuen äußerst großmüthig handle, thätigere Rache nehmen könne, wenn sie ihn dieser würdig schäzze. Ehe sie auszogen, mußten sie schwören, daß sie Mathildens Schwangerschaft nicht gedenken wollten, weil sie dem Ungetreuen diesen Triumpf nicht gönnte, und auch vorhersah, daß er dann nie zur Trennung einer Ehe, die ihm einst noch großen Vortheil bringen könne, seinen Willen ertheilen würde.

Die Gesandten fanden den Herzog nicht daheim, er war mit Spolettos Verwandtin ausgezogen, um sie sicher in die Arme eines alten Oheims zu geleiten. Seine Diener erzählten die ganze Geschichte der Rettung dieser edlen Jungfrau mit offner Redlichkeit, aber die Gesandten lächelten, und fragten Mathildens rükgelassene Diener: Ob sie dieser schönen Mähre wohl Glauben beimessen könnten? — Erst nach zwei Tagen kehrte der Herzog heim, und grüßte die Gesandten mit edlem Ernste. Was macht' unsere Herzogin? fragte er, als diese stumm vor ihm standen.

Einer. Edler Herzog, es wird euch wohl seltsam gedünkt haben, als ihr sie nicht in Canossa fandet?

Herzog. Sie hat ihren freien Willen. Wenn sie aber wußte, daß ich kam, und auszog, weil ich kam, so habe auch ich den Meinigen, und kann hinziehen, wohin es mir gelüstet.

Einer. Zürnt nicht mit euren Knechten, wenn wir euch offen gestehen müssen, daß sie auszog, weil ihr kamt. Ihr kennt ihren harten, unbiegsamen Sinn, was dieser einmal beschließt, das wird vollbracht, und sollte es die heiligsten Bande verletzen. Wir widersprachen, aber Widerspruch machte sie noch zorniger, und wir mußten wider Willen folgen.

Herzog. Ich bedaure euch herzlich, daß ihr wider Willen folgen mußtet, es wird euch schwer geworden seyn, Canossas fette Küche und volle Keller zu verlassen.

Einer. Ihr scherzt mit euern Knechten.

Herzog. Wenn ihrs für Scherz nahmt, so thut es mir herzlich leid, denn es war mein vollwichtiger Ernst! Bringt ihr mir Nachrichten oder Bothschaft von Mathilden?

Einer. Wir bringen sie.

Herzog. So beginnt damit.

Einer. Wir wähnen mit Recht, daß sie euch seltsam klingen, mit Stärke überraschen wird, und bitten daher, euch vorbereiten zu dürfen.

Herzog. Unnöthige Mühe! Den festen Deutschen schrekken keine Worte, besonders wenn sie aus eurem Munde ertönen. — — Doch eins könnte mich doch beugen. Wie gehts Mathilden? Sie befindet sich doch wohl und gesund?

Einer. Wohl und — der Ewige sei gelobt! — auch gesund!

Herzog. So sprecht unverholen!

Einer. Edler Herr, ihr könnt ja lesen?

Herzog. Ich verstehs so ziemlich!

Einer. Als wir auf der edlen Frau ernstgemeßnen Befehl ausziehen mußten, da überreichte sie uns diese Vollmacht zum Beweise unserer Sendung. Lest sie, und ihr werdet den Auftrag erfahren, welchen wir höchst ungerne vollziehen. (er überreicht ihm solche)

Herzog, (nachdem er gelesen) wild lachend) Hahaha! Ein Meisterstük heimtükkischer Pfaffenlist! Ein Bubenstük seltner Art! —— Es muß euch Schweiß und Mühe in Menge gekostet haben, ehe ihrs vollenden konntet, denn ihr Herz war gut. —— Seht ich könnte es vernichten und zerreissen, wenn ich hin zu ihr eilte, Erklärung forderte, und sie mir werden müßte; aber ihr bautet auf den Stolz des Deutschen Herzogs, und hofftet, daß er nicht kriechen, nicht flehen würde. Ihr habt weise geahndet, ich verachte ein Weib, das sich von Betriegern gängeln läßt, und gleich einem Rohre hin und her schwankt, ich werde nie Erklärung fordern, und überlasse die Reue ihr, mich wird sie nie treffen. Geht, und meldet ihr dieß!

Einer. Zürnet nicht mit euern Knechten, wenn wir vollziehen müssen, was uns geboten ward. Wir sind rein und unschuldig an der That, welcher ihr uns so unerwiesen züchtiget. Erwägt euer Betragen, bedenkt, daß Mathilde Mondenlang auf eine Bothschaft von euch wartete, sie nie — —

Herzog. Schweigt! ihr seid nicht hier, mir Vorwürfe zu machen, die nicht ich, die mein Weib verdienet. — — Wollt ihr unbeleidigt von hinnen ziehen, so eilt, meine Geduld hat geendet!

Einer. Nur eine höchst nöthige Frage vergönnt uns, edler Herzog! Ihr seid also mit der angetragenen Scheidung zufrieden? Nehmt sie an, und wählt uns, daß wir Zeugen eurer Einwilligung seyn können?

Herzog. Eine kühne Frage! Doch sie war nicht unnöthig! Ja, ich nehme die Scheidung an, ich vergesse in diesem Augenblicke schon, daß Mathilde mein Weib war, und will in dem künftigen ihrer nicht mehr gedenken. (Er zerreißt die Schärpe, welche er eben trug, und überreicht den Gesandten die Stükke) Ihre Hand stikte sie, die meinige hat sie vernichtet. Bringt ihr die Stükke zum Beweise meiner Einwilligung, ihr Herz wirds fühlen, wenn es eure Heuchelei nicht ganz vergiftet hat. Fordert ihr noch mehr? Ich habe genug geleistet, euch kommts jezt zu, ein Band öffentlich zu vernichten, das kein Mensch, sondern nur der Verläugner der Menschheit, ein Pfaffe lösen kann. (Die Gesandten bükken sich kriechend und wollen geben) Noch eins! Morgen kehre ich schon nach Deutschland zurük, und wenn ich einst in Gesellschaft des Kaisers wiederkehre, so fordert kühn euer Bothenlohn, es soll euch reichlich und ächt werden.

Einer. Das wird Gott verhüten!

Herzog. Spottet nicht! Ihr habt einen Mann beleidigt, und ein Mann — —

Einer. (schnell) Verzeiht, vergiebt dem Unschuldigen.

Herzog. Aber er erdrükt auch die undankbare Schlange, welche er in seinem Busen nährte, und die ihm zum Lohne gerade am Herze verwundete. Merkt euch dieß, und bereitet euch vor, damit euch der

Tag der Vergeltung nicht zu schnell überrasche.

Die Gesandten eilten jagend fort, schüttelten den Staub von ihren Füßen, und spotteten, wie sie sich sicher dünkten, des Thoren, der sich so willig in der Falle fangen ließ; welche sie ihm vorgestellt hatten. Mit theilnehmender, leidender Miene überreichten sie Mathilden die Stücke der zerrißnen Schärpe, und erzählten manches, was der Herzog hätte sagen können, aber nicht gesagt hatte. Mathilde hörte stillschweigend zu, eine Thräne trat in ihr Auge, sie verwischte solche schnell, und sprach mit standhafter Stimme: So wahr mir Gott helfe, diese zerrißne Schärpe soll das einzige Erbtheil des Kindes seyn, welches ich ihm wider Willen gebähren muß. In diese gehüllt, will ichs dem Elende und Jammer zum Raube übergeben, und mich innig freuen, wenn ich die Bothschaft höre, daß es qualvoll geendet hat!

Sie wüthete noch lange, denn ihr Zorn verwandelte sie oft in eine Furie, endlich versammelte sie alle die wenigen, welche ihre Schwangerschaft, die noch keiner ahndete, durch sie selbst erfahren hatten, und forderte von ihnen einen Eid, daß sie solche ewig verschweigen, nie derselben gedenken wollten. Alle leisteten ihn mit Vergnügen, weil er aller Vortheil förderte. Bald hernach klagte sie den Herzog vor dem öffentlichen Gerichte der Untreue an, er ward vorgeladen, und erschien nicht, weil er schon nach Deutschland abgereist war. Man nahm diese Abreise für die Bekenntniß der Schuld, und trennte eine Ehe, welche er bereits gebrochen haben sollte.

Mathilde kehrte wieder nach Canossa zurük, aber ihre Rache ging so weit, daß sie ihre Gemächer nicht eher betrat, als bis alle alten Geräthschaften verbrannt, und neue darein gestellt wurden, weil sie wähnte, daß die Buhlerin ihres treulosen Gatten, die erstern berührt hätte. Ihre Burg ward jezt öde und leer, sie sandte die meisten Diener und Mägde von dannen, behielte nur diejenigen, auf deren Treue sie bauen konnte, nahm keinen Besuch an, und sprach nur diejenigen, welche ihr Geheimniß kannten, oder in der Folge darinnen eingeweiht wurden. Niemand ahndete, niemand entdekte die wahre Ursache. Mathildens Alter schüzte sie vor jedem ähnlichen Verdachte, sie hätte wahrscheinlich öffentlich lustwandeln können, und man würde ihren wahren Zustand doch nicht errathen haben.

Der junge Herzog ward von seinem Vater mit ernstem Blicke und harten Worten bewillkommt, er hatte diese Ehe mit großen Freuden gebilligt, weil er dadurch seinem Sohne ein großes, und sicheres Erbe zu gründen hoffte. Er sah diese Hoffnung auf die unerwarteteste Art vernichtet, und glaubte, da Mathilde im Rufe seltner Tugend stand, daß sein Sohn allerdings selbst an dieser Vernichtung gearbeitet habe. Als aber dieser sein Herz mit offner Erzählung rührte, da ergrimmte er gegen Mathildens Rathgeber, umarmte seinen Sohn, weil er seiner Würde nichts vergeben hatte, und schwur, ihn einst sicher zu rächen. Die Folge wird beweisen, daß er diesen Schwur wirklich erfüllte.

Schon hatte der junge Herzog Mathilden vergessen, und suchte ihr Andenken durch neue Liebschaft am Hofe des Vaters ganz zu ver=

nichten, als sie seiner noch immer gedachte, sichs oft in den Stunden der Einsamkeit vorwarf, daß sie allzurasch gehandelt habe. Freilich suchte sie die Empfindung der Reue nach Kräften zu unterdrükken, aber es gelang nicht immer, denn das Gefühl der werdenden Mutter ist einzig in der Natur, ist stärker als alle Leidenschaften des Menschen.

Nach sechs Monaten gebahr sie im verborgensten ihrer Gemächer, einen gesunden, wohlgestalteten Knaben. Seine Geburt hatte ihr namlose Schmerzen verursacht, sie forderte jetzt Ersaz für ihr Leiden, und hoffte ihn in der Umarmung des Neugebohrnen zu finden. Als ihr Arm ihn umschlang, als das Herz des Unschuldigen zum erstenmale an ihren mütterlichen Busen klopfte, er weinend seine Hände zu ihr empor strekte, da vergaß sie ihres Gelübdes, ihres schreklichen Schwurs, und gelobte dagegen, ihm Mutter zu seyn all ihr Lebelang. Mit Verwunderung und innerm Grimme vernahmen die lauernden Eigennüzzigen diesen unerwarteten Entschluß, sie hofften, daß Zeit und reifere Ueberlegung ihn ändern würde, als sich aber die mütterliche Zärtlichkeit mehrte, Mathilde den Neugebohrnen nicht aus ihren Augen entfernte, oft selbst ihn wartete und pflegte, da wagten sie es einst, sie an ihr Gelübde zu erinnern. Die Mutter sah heller als die Gattin, sie gab mit deutlichen Worten zu verstehen, daß sie den Sinn der Mahnung verstehe, und die Absicht desselben schon vernichten werde. Die Schlauen fühlten die Unvorsichtigkeit, welche sie begangen hatten, und vereinigten sich so gleich, diese auf alle mögliche Art zu verbessern. Sie lobten den Entschluß der Mutter, bewiesen deutlich, daß es höchst ungerecht sei, wenn sie die Missethaten des Vaters an dem unschuldigen Kinde strafen wolle, und hofften ingeheim, daß einst günstigere Gelegenheit erscheinen würde, in welcher sie den verhaßten Knaben wenigstens der mütterlichen Aufsicht entziehen könnten. Einer der Scharfsinnigsten aber auch Listigsten fragte jezt Mathilden, ob er die Geburt des Knabens öffentlich bekannt machen solle? Die versöhnte Mutter heischte seinen Rath. Er soll euch, sprach er, offen werden, wenn ihr mir dagegen gelobt, meine Meinung nicht falsch zu deuten. Um dieß zu verhindern, will ich euch Schaden und Vortheil zugleich vorlegen, und die Entscheidung eurem eignen Verstande überlassen. Jauchzen wird der Pöbel, jubeln werden die Edlen eures Landes, wenn sie erfahren, daß ihrer Herrscherin ein Erbe gebohren ward. Schwindet aber der Rausch des Vergnügens, so wird es der Mißvergnügten viel geben, welche kühn behaupten werden, daß die Geburt eures Erben höchst unwahrscheinlich sei, weil keiner eure Schwangerschaft ahndete.

Mathilde. Dann wäre es wohl nöthig, daß ich des Knaben Geburt bald bekannt machte. Was meint ihr? Würde man wohl noch zweifeln, wenn ich mit dem Knaben im Arme vor dem Volke erscheine, ihn, umgeben von den Edlen meines Landes, an die Brust lege, und auf diese Art alle überzeuge, daß ich wirklich seine Mutter sei?

Der Pfaffe. O herrlich! Erfindungsreich und beneidenswerth ist dieser erhabne Gedanke! Nein, bei Gott, nein! Keiner würde mehr zweifeln, jeder würde in diesem Augenblicke dem Sohne des Herzogs Welf huldigen, und ihm die Treue geloben, mit welcher alle so fest an seiner erhabnen Mutter hingen.

Mathilde. Ich wills erwägen.

Der Pfaffe. Nur eins fällt mir bei, welches ich ebenfalls zu erwägen bitte. Nach dem römischen Gesetze kann der Vater sein Kind fordern. Er wirds fordern, weil es ihm die mögliche Vormundschaft, das eben so mögliche Erbe sichert.

Mathilde. Wie? der Ungetreue sollte es wagen? — —

Der Pfaffe. Könnt ihrs läugnen, daß es sein Kind sei? Könnt ihrs nach diesem Geständnisse ihm weigern?

Mathilde. Ja, bei Gott ja! Das Kind, welches unter meinem Herzen lag, welches ich mit meinem Blute nährte, soll nicht unter der Geissel verworfner Buhldirnen schmachten. Er komme, und fordere es, und mein Heer soll seine Forderung beantworten.

Der Pfaffe. Wer wird es wohl wagen, gegen den Vater seines künftigen Beherrschers zu kämpfen? Meuterei würde entstehen und sicher siegen. Gott verhüte es, aber wenn ichs erleben sollte, daß man die erhabne Mathilde gefangen und verrathen nach einem Thurme schleppte, und ihr ungetreuer Gatte im Namen ihres Kindes das schöne Land tyrannisirte, ich würde mit meinem grauen Kopfe an die Mauer rennen, und verzweifelnd sterben.

Mathilde. Das wäre schreklich, wenns so käme, und wahrlich ihr habt recht, es könnte geschehen! Ich fühle Ruhe und Vergnügen, wenn ich den mütterlichen Instinct befriedige, aber ich fühle auch eben so deutlich, daß er mich irre führen und unglüklich machen könne, wenn ich alle seine Pflichten erfülle. Die Geburt des Knaben bleibt noch ferner ein undurchdringliches Geheimniß, mein Haß, mein Zorn wird denjenigen verfolgen und treffen, welcher es seiner Zunge zum Verrathe anvertraut. Ich bin auch Mutter meines Volks, es soll nie unter der Vormundschaft eines Meineidigen schmachten. Des Knabens Glük will ich auf andre Art fördern, er soll leben, er soll erfahren, daß er eine gute und zärtliche Mutter hatte, aber er soll nie herrschen, nie regieren!

Wir haben viel, wir haben alles gewonnen, flüsterten die Verbändeten unter einander, als ihnen dieser Entschluß kund ward. Der Rausch der mütterlichen Zärtlichkeit wird bald enden, und die Rache über den Ungetreuen wieder ihre Rechte behaupten.

Falsch würden die Sichern geurtheilt haben, wenn nicht Zeit und Zufall ihre Hoffnung begünstigt und erfüllt hätte. Mathildens mütterliche Liebe, deren baldiges Ende sie als gewiß voraus sahen, mehrte sich täglich und stündlich, sie erschien jetzt wieder öffentlich vor den Edlen ihres Landes, aber sie eilte auch stets wieder äußerst schnell in ihre verborgnen Gemächer, tändelte und scherzte mit ihrem kleinen Liebling, dessen Gesundheit sich mit jedem Tage mehrte. Seine Gesichtszüge entwickelten sich, jeder einzelne glich ganz dem Vater, eben so öffnete er sein großes Auge, eben so lächelte er, wenn er Mathilden küßte. Erinnerung der vorigen, seligen Zeiten erwachte im Busen der Mutter, sie trauerte, daß sie solche nicht mehr geniessen konnte, sie wünschte, sie wieder zu geniessen, war bereit zu vergeben, zu vergessen, und den erſten Schritt zur möglichen Verſöhnung zu wagen.

Sie ſah voraus, daß ihre Freunde dieſem ſeltnen Entſchluſſe widerſprechen, ihn mit vollem Rechte mißbilligen würden, ſie verbarg ihn daher in dem Innerſten ihres Herzens, und vertraute ihn endlich einem alten Diener, von deſſen Treue ſie überzeugt zu ſeyn glaubte. Dieſer erbot ſich, Vermittler zu werden, und ihren Brief dem jungen Herzog, ſicher in die Hände zu liefern. Du liebteſt mich einſt, ſchrieb Mathilde, und ich war ganz glüklich, wenn ich mir eine ewige Dauer dieſer Liebe träumte. Deine Untreue wekte mich fürchterlich aus dieſem Traume, das gekränkte Herz heiſchte Rache, und dieſe forderte Trennung. Sie ward dir und mir! — — Noch hängt die zerrißne Schärpe, welche ich dir einſt mit liebenden Händen ſtikte, vor mir, und mahnt mich zur Fortsezzung der Rache, aber ein andrer Vorbitter ist dir worden, er wekt meine Liebe, er erinnert mich an die glüklichen Zeiten derselben, und zwingt mich zur Vergebung. Sie soll dir ganz werden, wenn du reuvoll und liebend in Meine Arme rükkehrst, ich will vergessen was ich duldete, ich will hoffen, daß du Vergelter seyn wirst. Nur eins bitte ich dich, nach diesem offnen Geständnisse, nie zu vergessen: Ich bin ein Weib, das heftig liebt, aber auch weit heftiger haßt, wenn es sich verachtet und verstoßen fühlt. Komm und überzeuge dich von der Wahrheit des Erstern.

Der treue Diener empfing diesen Brief, sattelte sein Roß, und zog mit verschloßnem Munde nach Deutschland hinab. Er fand den jungen Herzog am Hofe seines Vaters, er hatte bisher mit inniger Liebe einer edlen Dirne geminnet, sie hatte seinen Antrag stolz ver-

worfen, weil sie sich zu edel dünkte eine Buh:
lerin zu werden, und seine Gattin nie werden
konnte. Sein krankes Herz heischte Trost, und
fand ihn ganz im Briefe der liebenden Mathilde, er deutete den Vorwurf seiner Untreue auf
die jezzige Begebenheit, und beschloß sogleich, den
Antrag anzunehmen, und in ihre Arme zurükzu-
kehren. Ich folge, schrieb er, dem, welchen
du sandtest, und hoffe dich zu überzeugen, daß
es nie mein Wille war, mich von dir zu
trennen. Ich würde deine unerwartete Einladung für Sirenengesang achten, wenn mich
nicht Erfahrung überzeugt hätte, daß falsche
Rathgeber dein Herz wohl irre leiten, aber
nie zu so schändlicher List bereden können.
Noch einmal sei's wiederholt: Ich komme,
deiner würdig! Aber schrekliche Rache würde verherrend hinter mir ziehen, wenn ich
mich betrogen fände. Mündliche Unterredung

wird dich überzeugen, daß mich vorige Begebenheiten zu dieser Drohung berechtigten.

Dem alten Diener war die Geburt des Kindes ein Geheimniß, er konnte — wenn auch sein Herz dazu geneigt gewesen wäre — dem Herzoge nichts davon entdekken, und zog vergnügt von dannen, weil des Herzogs Antwort Mathilden überzeugen mußte, daß er seinen Auftrag redlich vollendet habe. Als er schon gen Italien hinabzog, versammlete der Herzog funfzig seiner Getreuesten, foderte von ihnen Eid und Pflicht, daß sie ihm willig folgen, und männiglich in jeder Gefahr und Fehde zur Seite stehen wollten, sie leisteten beides, und der Herzog zog mit ihnen aus. Er verschwieg allen seinen Freunden, selbst dem Vater die Absicht seines Zuges, er war des Ausgangs noch ungewiß, und wollte nicht neue Hoffnung im Herzen des Alten erwekken, da er erst vor kurzem der ehemaligen so ungerne entsagt hatte. Wie schon die Alpen hinter seinem Rükken lagen, und er am Abende in einer Herberge einkehrte, traf er da zwei Ritter, welche in Mathildens Ländern ansehnliche Vesten besaßen, und ehemals oft auf der Jagd seine Begleiter waren, sie freuten sich, den Herzog so unverhofft und gesund wieder zu sehen, gestanden ihm, ohne daß ers heischte, daß sie Mathildens schwankender Regierung, der immer sich mehrenden Tükke und Bosheit ihrer Rathgeber satt und müde wären, ihre Ländereien verkaufen wollten, und in der Absicht ausgezogen wären, um in bessern Gegenden sich anzusiedlen. Der Herzog horchte hoch auf, als er vernahm, daß noch immer Pfaffen das Ruder führten, sich stets am Hofe Mathildens mehrten, und alle Edle zu verdrängen suchten. Er leerte den Becher mit gefalteter Stirne, und sezte sich nachdenkend in einen Winkel.

Ein Ritter. Wenns euch nicht zu kühn dünkt, so erlaubt mir eine Frage.

Der Herzog. Ich weigere diese nicht dem Geringsten meiner Diener, vielweniger euch.

Der Ritter. Als wir auszogen gingen dunkle Gerüchte und Sagen umher, wir lachten ihrer und gaben ihnen keinen Glauben, eure Ankunft in dieser Gegend scheint sie zu bestätigen.

Der Herzog. Hm! Was sprach die Sage? Was verkündigte das Gerüchte?

Der Ritter. Beide behaupteten, daß die Trennung eurer Ehe mit Mathilden sehr zur Unzeit geschehen sei. Mathilde hatte vielleicht allzu sicher auf eure baldige Rückkunft gebaut, sie befolgte in der Eile zu geschwind die Rathschläge ihrer Getreuen, und sah in der Folge erst zu spät ein, daß sie eben jetzt eines Gatten am nöthigsten bedürfe.

Der Herzog. Wie soll ich dieß verstehen?

Der Ritter. Solltet ihr wirklich nichts ahnden, nichts wissen? Sollte man wirklich den offnen, redlichen, aber darum nicht minder edlen Deutschen hintergehen und zu betriegen suchen?

Der Herzog. Nun will — — (rasch) Nun muß ich alles erfahren, was eure Zunge so absichtlich zu verschweigen scheint. Oeffnet euer Herz dem Freunde, er wird euch dafür innig danken. Ich handle redlich und offen, und würde es daher schwer fühlen, wenn ich betrogen würde.

Ein Ritter. Ihr sollt alles erfahren, was in meinem Gedächtnisse vorräthig liegt. Sondert dann Wahrheit von Lüge, und laßt den Ueberrest euch wenigstens zur Warnung dienen. Wahr und erwiesen ists, daß kurz nach eurer Abreise zum Kampfe in Deutschland an Mathildens Hofe ein junger, schöner aber unbekannter Ritter erschien, von ihr wohl an und aufgenommen ward, immer in ihrer Gesellschaft wandelte, oft mit ihr in den einsamsten Gegenden des Gartens gesehen wurde. Wahr und erwiesen ist es, daß dieser Ritter bald nachher einige schöne Vesten und viele Ländereien kaufte, und eben durch diesen Kauf Verdacht und Aufmerksamkeit wekte. Ihr kehrtet unverhofft und unerwartet aus Deutschland zurük. Der unbekannte

Ritter verschwand aus Canossa, und Mathilde floh elend nach Mantua. Damals glaubten alle eure Freunde, die ihr keines Besuches würdigtet, daß ihr erfahren hättet, was hier verübt würde, und zu rächen kämt, was eure Ehre kränke. Als aber die listige Mathilde sich durch die Ehescheidung zu retten suchte, ihr solche annahmt, und, indeß man euch vor Gerichte verklagte, ruhig und geduldig nach Deutschland zogt, da — verzeiht meine Offenherzigkeit — da spottete man frei über eure Leichtgläubigkeit, und eure Freunde mußten zähnknirschend schweigen, weil sie der Wahrheit nicht widersprechen konnten.

Der Herzog. Noch sehe ich nicht helle, muthmaße und ahnde nur dunkel, muß selbst diese fürchterliche Ahndung bestreiten, weil Thatsachen ihr widersprechen.

Ein Ritter. Hört weiter, vielleicht wirds heller! Nur gebt acht, daß der volle Glanz eurem Auge nicht schadet. Mathilde, die tugendhafte, fromme Mathilde hat ihr eheliches Lager befleckt, hat mit dem geliebten Ritter schändlich gebuhlt. Ihr sollt nun diese Schande decken, sollt des heißgeliebten Bastarden Vater werden, sollt ihm euern ruhmvollen Namen leihen, damit er Mathildens Länder erben, und einst — pfui der Schande! — über die Edlen ihres Reichs herrschen könne.

Der Herzog. Ha! das wäre schändlich! Das wäre — — Nein, es ist unmöglich! Bedenkt Mathildens Jahre, ihr handelt allzu feindselig, ihr raubt ihr mehr als ein Land, ihr vernichtet ihre Ehre und Tugend.

Ein Ritter. Thut, was euch klug und weise dünkt! Es sei ferne von uns, euern Vorsaz zu hindern, nur achteten wir Warnung für Freundes Pflicht, und diese verbindet uns, euch nochmals auf unser redliches Gewissen zu versichern, daß Mathilde euch untreu war. Schon ruhten die Folgen ihres Verbrechens in ihrem Schoose, als sie eure Gegenwart floh, sie ahndete, daß der redliche Deutsche ihren Fall streng rächen würde, und ihre Rathgeber achteten Trennung für das einzige Rettungsmittel. Diese erfolgte, und zwang Mathilden, ihre Schwangerschaft vor den Augen der Welt zu verbergen. Mondenlang sah sie kein Edler ihres Landes, nur Pfaffen und beeidete Weiber schlichen nach dem verborgnen Gemache der Geschändeten, aber nicht alle schwiegen, ich erfuhr Tag und Stunde, in welcher Mathilde ihrem Buhlen einen gesunden Sohn gebahr.

Der Herzog. Ha! Dieß also der Vorbitter! Habt Dank, Freunde, habt Dank! Mein Auge sieht nun helle!

Ein Ritter. Die Mutter liebt den Knaben mit inniger, mit unbegreiflicher Zärtlichkeit, sie wacht stunden und tagelang an seinem Lager, blikt ängstlich umher, wenn er wimmert, und jubelt laut, wenn er lächelt. Sie weint, wenn sie überlegt, daß sie ihn nicht ganz glüklich, nicht zum Herrscher ihrer Länder machen kann. Liebe ist erfindungsreich, Liebe ist jeder Verstellung fähig, wenn sie nur ihr Ziel erreicht. Man hat mirs als sichre Wahrheit vertraut, — ihr könnt am besten darüber entscheiden, — daß sie euch insgeheim einen treuen Boten mit einem süssen Einladungsschreiben gesandt habe, damit ihr wieder nach Italien kommen, das zerrißne Band der Ehe aufs neue knüpfen sollt. Sorgfältige Pflege und Wartung hat den Knaben groß und stark gemacht, man will ihn für einige Monden älter ausgeben, als er wirklich ist, und euch glaubend machen, daß ihr sein Vater seid. Feile Zungen sind schon reichlich bezahlt, um seine Nase, euer Auge mit dem seinigen zu vergleichen, und die größte Aehnlichkeit zwischen beiden zu finden. Hoffnung zur künftigen Vormundschaft soll euch locken, und Mathildens Thränen und Schwüre den Sieg vollenden. Wann ihr dann den Bastarden in eure Arme schließt, ihn vor dem versammelten Volke Sohn, und euch Vater nennt, so wird freilich bald heimliches Gift an euren vollen Backen, an eurem Marke zehren, aber ihr werdet doch mit dem süssen Bewußtseyn sterben, daß ihr einen Sohn hinterlaßt, der euern erlauchten Stamm fortpflanzen, sich in Italiens fruchtbaren Gefilden ein Erbe auf ewige Zeiten gründen wird.

Der Herzog. Verflucht sei diese höllische List! Verflucht sei das Bubenstük, welches man an mir üben wollte! Segen, reicher Segen über euch und eure Nachkommen, daß ihr mich warntet, und meine blinden Augen öfnet. (er zieht sein Schwerd, und besieht es) Noch nie beflekte es Blut der Unschuld, aber rosten soll daran das Blut des Bastarden, und mich stets an die Schmach erinnern, die man mir bereiten wollte, immer soll dieser Anblik die schlummernde Rache wekken, bis blutige Vollendung ihr Lohn ist. O es wird schon ein herrlicher, ein lohnender Anblik seyn wenn sie da steht mit rollendem Auge, mit verzweiflungsvollem Blikke, das Blut des innig geliebten Bastarden strömen sieht, helfen will, und nicht helfen kann. Laben will ich mich damit, und ihr dann ins Ohr donnern: So wird Untreue belohnt! — —

Ein Ritter. Zieht ihr mit Tausenden nach Canoſſa?

Der Herzog. Nur funfzig meiner Getreuen ſind meine Begleiter, aber ihr Arm iſt ſtärker als hunderte.

Ein Ritter. Dann thuts uns herzlich leid, daß wir euch an dieſer Stätte das lezte Lebewohl ſagen müſſen. Weh wirds mir ums Herz ſeyn, wenn ich einſt durch Mathildens Land ziehe, einen feſten Thurm erblikke, und mir ein Bauer treuherzig klagt, daß in dieſem der edle Herzog Welf auf faulem Strohe modert.

Der Herzog. O ſo kanns, ſo darfs nicht enden.

Ein Ritter. Achtet ihr das Herz des Weibes keiner Rache fähig? Glaubt ihr das sie ruhig zusehen wird, wenn ihr Liebling blutet? Tausende werden auf ihren Wink bereit stehen, um ihr das einzige mögliche Labsal zu gewähren, Rache an dem Thäter im vollen Maße zu üben, wäre ich an eurer Stelle, ich rächte mich besser und sicherer. Ich kehrte nach Deutschland zurük, spottete ihrer Lokkung, und vereitelte ihre Absicht. Denkt euch die Affenmutter, wie sie da steht am Lager ihres Lieblings, alle ihre thörichten Hoffnungen vernichtet sieht, und es mit allen ihren Reichthümern und Schäzzen nicht verhindern kann, daß jeder Edle und Unedle dem Sprößling ihrer ehebrecherischen Liebe dreust ins Angesicht lugt, ihn mit verächtlichem Blikke einen Bastarden nennt. Ich dächte, diese Rache wäre auch süß, und darum angenehmer, weil ihre Wirkung nie endet.

Herzog. Du haſt Recht! Du ſprichſt Weisheit, und im Munde eines treuen Freundes iſt ſie köſtlicher als Lebensbalſam. Ich will ſie nuzzen, und die Wunde meines Herzens damit heilen. O man hats tief verwundet! wenn ich denke — wenns möglich geweſen, und der hölliſche Trug gelungen wäre! Ha, geſchändet hätte ich unwiſſend meine jezzige Ehre, mein künftiges Andenken! Gelacht hätte der Baſtard an meinem offnen Grabe, und die ſchändliche Buhlerin es mit Thränen der Freude, des Triumphs befleckt. — Dein Rath iſt gut, und weiſe! Verachtung ſei ihr verdientes Loos! Vernichtung ihres verruchten Plans die gerechte Strafe! Meine Rache ſoll harren, bis ich ſie vollauf füttern, mit Ueberfluß ſättigen kann. Die Zeit der Ernde wird bald nahen, ich ſehe ihr mit Entzükken entgegen, aber vergeſſen will ich euch den Freundſchaftsdienſt nie, mit Wohlthat und Schonung lohnen. Wenn rings umher Städte und Hütten in hohen Flammen lodern, wenn der wüthende Krieger den wehrlosen Greis mordet, und den Säugling am Busen der Mutter tödtet, soll sichs sicher auf eurer Veste wohnen, der Greis ungehindert umher wandeln, der Säugling ruhig im Arme der Mutter schlafen. Darauf verlaßt euch, darauf baut felsenfest, und erschrekt nicht, wenn die Kriegsposaune im Lande ertönt.

Ein Ritter. Gott verhüte, daß unser armes Vaterland ein Opfer eurer Rache werden sollte! Aber Dank gebührt euch doch für den guten Willen, wir ehren ihn gleich der That selbst. Warnung war Schuldigkeit! Heil uns! daß wir euch so glüklich trafen.

Der Herzog. Heil auch mir, aber Weh, tausendfaches Weh ihr — — für die ich keinen Namen finde! — — Ich kehre morgen nach Deutschland zurük, ich — — Doch was ich thun will, bedarf festern Entschluß. — — Sie wird meiner harren? — — Nein, sie soll mich nicht länger für einen elenden Buben achten, der mit offnem Blikke ins Nez rennt, das sie so künstlich webte! Ich kehre zurük, aber ein Bothe bringt ihr die unerwartete Nachricht, daß ich alles erfahren habe.

Ein Ritter. Wenn ihr wegen des Bothen verlegen seid, etwan Sorge habt, daß sie an einem euerer Getreuen schändliche Rache übe, so bin ich erbietig, ihr jedes euerer Worte getreu zu hinterbringen.

Der Herzog. Würde dann nicht euch die Rache treffen?

Der Ritter. Sorgt nicht, ich hülle die Bothschaft in Heuchelei, sie soll deshalb nichts von ihrer Wirkung verliehren. Um ihre mir so theure Ehre zu schonen, um diese nicht einem geschwäzzigen Buben Preiß zu geben, übernahm ich die mir so verhaßte Bothschaft. Sorgt nicht, die Sprache des Hofes widersteht meinem Gaum, aber sie ist mir nicht fremd, und um so süßen Lohn zu erndten, bin ich schon der Verstellung fähig.

Der Herzog. Lohn? Süßer Lohn wird euch schwerlich erwarten.

Der Ritter. O sicher und gewiß! Oder ist dieß kein Lohn, wenn ich ruhig zusehen kann: wie sich das Angesicht der sichern Stolzen nach und nach bleicht, wie Hoffnung und freudenvolle Zukunft sich auch in den kleinsten Zügen verliehrt, überall Wuth und Rache thront, überall Gefühl des Spotts und der Schande sich zu verbergen sucht, und eben deswegen weit auffallender hervor ragt. Ueberdieß kan ich noch Rache an den Pfaffen üben, die mein Herz so sehr haßt. Mathilde wird ganz natürlich den Verräther, oder wie sies wahrscheinlich nennen wird, den Verldum=der, der euer Ohr mit so schändlicher Lüge füllte, zu erfahren und zu entdekken wün=schen, und ich werde sie mit aller Kraft zu überreden suchen, daß ihre so treuscheinenden Rathgeber euch ingeheim Bothen sandten, und euch die Mähre so glaubwürdig schilder=ten, daß keine Versöhnung mehr zu hoffen sei. Wenn sie dann tobt und wüthet, all die Ehrgeizigen, welche jeden redlichen Edlen von Mathildens Hofe entfernten, von sich jagt, und nun ihre abgesagte Feindin wird, so habe ich meinem armen Vaterlande einen Dienst geleistet, dessen die spätesten

Nachkommen noch in ihrem Gebete dankbar gedenken werden.

Der Herzog. Es sei, deine Absicht ist zu schön, ich will sie nicht hindern, will sie vielmehr fördern, denn die heimtükkischen Pfaffen reizten oft meine Rache. Ich bin ihnen Vergeltung schuldig, und freue mich, wenn sie ihnen so unverhofft wird. Ich überlasse es dir, meinem Gefühle Worte zu geben, ich vermags nicht. Wähle die heftigsten, stärksten Ausdrükke, und du wirst meinen Dank mehren. Wills Gott, so sehe ich dich bald wieder, und dann sollst du mein Rachegefühl mit der Erzählung laben.

Der Ritter. Ich hoffe, sie soll euch viel Freude gewähren.

Am andern Morgen erneuerten die Ritter ihr Versprechen, und der betrogne Herzog zog Rache athmend nach Deutschland zurük. Betrogen, schändlich hintergangen hatten ihn Mathildens Freunde und Rathgeber. Sie lauerten stets äußerst sorgfältig; die mütterliche Zärtlichkeit, welche sich in Mathildens Betragen so deutlich äußerte, vermehrte ihre Wachsamkeit. Schon am andern Tage ward ihnen die Nachricht, daß Mathilde einen Bothen nach Deutschland abgesandt habe, sie sandten ihm auf allen Straßen, die dahin führeten, Reisige nach, welche den ernsten Auftrag hatten, den Bothen zu vertilgen, und ihm sein Schreiben abzunehmen. Aller dieser Vorsicht ungeachtet gelang es dem Redlichen doch, ungehindert bis nach Deutschland zu kommen, aber sichere Rükkehr war unmöglich. Mathildens eigennüßigen Freunden war alles daran gelegen, um jetzt aus der Rükantwort des Herzogs so wohl Mathildens Antrag, als auch seine eignen Gesinnungen zu erforschen, ihre Getreuen verlegten alle Stege und Straßen, die genaue Beschreibung des alten Dieners war allen bekannt. Er zog sicher und zufrieden einher, und fiel in einen Hinterhalt, welchen man ihm gestellt hatte. Sein Tod war schon längst als höchst nothwendig im Rathe der Listigen beschlossen worden, ein Reisiger spaltete sein Haupt, und man fand auf seiner treuen Brust die Antwort des Herzogs. Ein Eilbothe brachte sie den Verbündeten, sie lasen solche mit heimlichem Ingrimme, denn ihrer war darinne nicht ruhmwürdig gedacht. Sie sahen hell ein, daß alles verlohren, und die Hoffnung des großen Erbes ganz verschwunden sei, wenn der Herzog rükkehre, sich mit Mathilden versöhne, und ihr Kind als seinen Sohn erkenne. Die Antwort des Herzogs erwähnte zwar des Knaben nicht, aber es schien doch, daß Mathilde seiner in ihrer Einladung gedacht habe, und dieß vermehrte die Verlegenheit, in welcher sie sich befanden.

Eine volle Nacht ward der Ueberlegung, dem tiefsten Nachdenken geweiht. Alle behaupteten vereint, daß man des Herzogs Ankunft, und Unterredung mit Mathilden verhindern müsse. Wie aber dieß, und vorzüglich mit sicherm Erfolge geschehen könne, darüber konnte man lange nicht festen Entschluß fassen. Willig hätten alle den Herzog seinem treuen Bothen ins Reich der Todten nachgesandt, wenn nicht Erfahrung sie überzeugt hätte, daß er immer im Gefolge tapferer Reisige ziehe, denen der erkaufte Mörder nicht widerstehen könne. Sie achteten daher List für das einzige Rettungsmittel, waren aber auch eben so fest überzeugt, daß diese nur durch Unbefangne könne geleitet und ausgeführt werden. Sie musterten jezt in geschäftiger Eile des Herzogs ehemalige Freunde, fanden darunter ein paar Ritter, die eheschon bewiesen hatten, daß sicherer Gewinn die Vorwürfe des Gewissens dämpfe und überwiege. Sie eilten nach ihrer Veste, gaben viel, und versprachen noch weit mehr. Der Anschlag gelang, der ganze Plan ward entworfen, von allen möglichen Unwahrscheinlichkeiten gereinigt, und die Ritter zogen mit dem sichern Versprechen aus, ihn nach Kräften und mit dem besten Erfolge auszuführen. Es war ausdrüklich bedungen, daß sie Beleidigung der Pfaffen gegen sich erdichten sollten, damit ihre Rede schnellern Eingang fände. Es wurde ihnen ausdrüklich aufgetragen, der Geburt des Knaben auf so entehrende Art zu gedenken, damit, wenn Mathilde in ihrer Einladung seiner gedacht hätte, der Herzog um so gewisser von ihrer Untreue überzeugt würde.

Wie alles begann, wie glüklich und gut die boshafte List endete, habe ich bereits erzählt. Die falschen Freunde zogen nach Canossa, und berichteten den Harrenden den glüklichen Erfolg. Im fernern Rathe ward nun beschlossen, daß sie den Auftrag des Herzogs erfüllen, dadurch Mathilden alle Hoffnung zur Versöhnung rauben, die erloschne Rachlust wetzen, und die große Zärtlichkeit gegen den Knaben mindern sollten. Sie erfüllten diesen Auftrag nur allzu redlich, baten Mathilden um geheimes Gehör, und wurden vorgelassen.

Ein Ritter. Verzeiht, edle Frau, daß wir zudringlich scheinen müssen, aber der wichtige Auftrag, der uns so ganz wider Willen ward, ben wir bloß um eurer uns so theuren Ehre willen zu erfüllen versprachen, zwingt uns zu diesem Anscheine einer verminderten Ehrfurcht. Zürnt nicht mit euren treuen Lehnsträgern, wenn sie euch Dinge erzählen müssen, die eurem Ohre unangenehm tönen werden. Nehmt zugleich das heiligste Versprechen von uns an, daß wir sie nur euch erzählen, allen Sterblichen aber getreu verschweigen werden.

Mathilde. Ihr reizt meine Neugierde im hohen Grade.

Der Ritter. Wollte Gott, daß wir nur Neugierde nicht auch Zorn reizen müßten. Der deutsche Herzog, Gott verzeihe es denen, die ihm einst die Ehre gönnten, euch Gemahlin nennen zu dürfen — —

Mathilde. (hastig) Was wißt ihr von diesem? Bringt ihr mir Bothschaft von ihm? — Ich erwarte sie mit Begierde. —

Der Ritter. Auch wenn sie euer unwürdig wäre? Auch wenn sie eure Ehre kränkte, euern Stolz beleidigte?

Mathilde. Unmöglich! Unmöglich!

Der Ritter. Und doch! doch! Wir werden uns seiner frevelvollen Bothschaft nicht eher entledigen, bis ihr uns nicht durch euer fürstliches Wort schützet, daß ihr seine Beleidigung nicht an uns ahnden, nicht an den Dollmetschern seiner Gesinnungen eine Rache üben werdet, der er allein höchst würdig ist.

Mathilde. Ich will nichts ahnden, nichts rächen! Dieß gelobe und schwöre ich euch. Sprecht rein und offen, ich will alles wissen, damit ich es für die Zukunft nüzzen kann.

Ein Ritter. Wir waren ausgezogen, um unsre Freunde, die uns längst geladen hatten, am Comoer See heimzusuchen. Wie wir am paradiesischen Ufer desselben lustwandelten, zog ein großer Haufe Reiter von Lauis her uns entgegen. Wir wollten weichen, erkannten aber, indem wir uns wandten, den Helm und das Panner unsers ehemaligen Herzogs. Wir standen, weil er einst unser Freund war, und wir uns ungeachtet des veränderten Verhältnisses seines Anbliks freuten. Erst, wie wir ihn grüßten, erkannte er uns. Er blikte Anfangs unhold auf uns herab, endlich lenkte er aber sein Roß abseits, und winkte uns näher. Seid ihr, sprach er, noch Mathildens Vasallen? Wir sind, antworteten

wie, ihre getreuen Lehnträger, und hoffens
zu bleiben all unser Lebelang. So werdet
ihr euch, fuhr er fort, wohl auch nicht wei‐
gern, eurer Gebieterin einen Auftrag zu
überbringen, dessen ich mich so bald als mög‐
lich zu entledigen wünsche.

*

Wir versicherten, daß wir uns dadurch
geehrt fänden, er lächelte hohnvoll, und sprach
also: Mein ehemaliges Weib Mathilde hat
mir einen Bothen gesandt, und mich durch
diesen zur Versöhnung nach Italien geladen.
Nicht aus Liebe, denn diese glimmt schon
längst nicht mehr in meinem Herzen, sondern
aus andern Absichten beschloß ich die Ladung
anzunehmen, und ließ ihren Bothen in mei‐
nem Gefolge ziehen. Ehe ich noch die Al‐
pen erreichte, und der Absicht dieser unver‐
hofften Nachricht reiflicher nachdachte, gestand
mir der Bothe, daß Mathilde Zeit mei‐

ner Abwesenheit, einen Knaben gebohren habe — —

Mathilde. (Mit sichtbarer Verwirrung). O der schändliche Lügner!

Der Ritter. Des sind wir überzeugt, aber hört nur weiter: daß sie, fuhr er fort, wahrscheinlich eines Vaters zu diesem bedürfe, und mich aus dieser Absicht berufe. Ich sah nun mit einmal hell, wußte nun ihre schnelle Flucht nach Mantua, ihren Antrag zur Ehescheidung, ihre jezzige Versöhnungsbegierde ganz zu deuten, schäumte vor Wuth, und wollte eben nach meinem Vaterlande rükkehren, als ich in der ersten Herberge einen Bothen traf, der mir von meiner längst entbehrten, aber darum nie vergeßnen und heiß geliebten Vitani Gruß und Bothschaft brachte.

Mathilde. Vitani? Vitani? Was hat diese mit ihm für Gemeinschaft?

Der Ritter. Ihr werdet es bald hören, und darob hoch erstaunen: Sie ließ mir, fuhr der Herzog fort, Kundschaft thun, daß sie endlich ihrem argwöhnischen, wahrscheinlich durch Mathilden gereizten Oheim glüklich entflohen sei, mich zu Bollenz ingeheim erwarte, sich nicht ohne Geleite über die Alpen wagen wolle, und von meiner Liebe hoffe, daß ich ihr sicheres Geleite senden, oder lieber selbst in ihre offnen Arme eilen würde. Diese frohe Nachricht verjagte meine Mißlaune, aber bald kehrte sie stärker zurük, als mir eben dieser Bothe im Namen meiner Geliebten erzählte, daß Mathilde, als ich in Deutschland kämpfte, mit einem jungen, schönen Ritter Liebe gepflogen, die Wirkung dieser Liebe schon bei meiner Rükkehr gefühlt, deswegen aus Furcht der Entdekkung die Ehescheidung gefordert habe. Jezt sei sie mit einem Knaben ingeheim entbunden worden, liebe diesen zärtlich, und würde ihm gerne alle ihre Länder vererben, wenn sie nur einen Ausweg finden könne, dem Bastarden einen ehrlichen Namen zu verschaffen. Sie warne mich daher freundschaftlich vor jeder möglichen Aeußerung, weil die alte Wärterin des Kindes, welcher sie diese sichere Nachricht zu danken habe, ihr offen gestand, daß Mathilde diese als das einzige Mittel betrachte, den geliebten Bastarden öffentlich als ihren Sohn und Erben zu erkennen.

Mathilde. Welch ein scheusliches Gewebe von Verläumdung und Lüge! Wäre es möglich, daß ich gebohren hätte, wer anders könnte Vater seyn, als der undankbare, ungetreue Herzog? Wessen Auge kann sich rühmen, einen unbekannten Buhlen an meinem Hofe, an meiner Seite gesehen zu haben? Ach es ist schändlich, daß eben diejenigen, welche ich mit Wohlthaten überhäufe, meine Ehre so absichtlich schänden, ich will strenges Gericht über diejenigen halten, die mein Verdacht trifft. Doch endet, damit ich mich ganz überzeuge.

Der Ritter. Schon sind wir beinahe am Ende unsrer Bothschaft. Der Herzog gebot uns, euch dieses alles wörtlich zu erzählen, und hinzu zufügen, daß er jetzt nach Bollenz ziehe, seine Geliebte nach Deutschland führen, und in ihren Armen eures Andenkens ganz vergessen würde. Noch, fuhr er fort, wolle er um Sein selbst willen eure Ehre schonen, eure Schande nicht öffentlich kundmachen, aber würdet ihr in der Folge kühn genug seyn, ihm neue Bothen zu senden, neue Anträge zu machen, würdet ihr fortfahren den Bastarden affenähnlich zu lieben, ihn in euren Gemächern zu dulden, so würde er auch eures Rufes, eurer Ehre nicht länger schonen, und jedem den Handschuh in offnen Schranken reichen, der es dann wagen sollte, seiner Erzählung zu widersprechen. Ihr könnt leicht achten, daß wir uns ernstlich weigerten, die Ueberbringer einer solchen frevelhaften Bothschaft zu werden, daß wir harte Worte gebrauchten, um ihm unsern Abscheu darüber erkennen zu geben, aber er vermaß sich hoch und theuer, daß er, wenn wir uns länger weigerten, euch durch Fremde, nicht zum Schweigen Verpflichtete diese Bothschaft senden würde. Wir erwogen den Nachtheil, welcher eurer Ehre und Tugend daraus erwachsen müsse, hofften, daß diese Absicht unſre Kühnheit rechtfertigen werde, und gelobten, euch wörtlich zu erzählen, was wir so unwillig anhören mußten.

Ehe wir uns von unſern Freunden trennen konnten, zog der Herzog am dritten Morgen von Bollenz nach Deutſchland zurük. In der Mitte des Zugs führte er wirklich die buhleriſche Vitani, er umarmte ſie zärtlich, als wir ſie anſtarrten, und rief uns ſpöttiſch zu, daß wir dieſes auch an gehörigem Orte kund machen möchten. Dicht hinter ihnen ritt ein alter Diener, den ich oft an eurem Hofe ſah, den ihr wahrſcheinlich an den Herzog ſandtet, und der euch mit ſo ſchwarzer Untreue lohnte. Auch er lächelte, hätte mein kälterer Freund mich nicht zurükgehalten, ich würde das ſpöttiſche Lächeln in Zukkungen des Todes verwandelt haben.

Mathilde. (heftig) Gottes und mein Lohn wäre euch dann reichlich worden.

Ich sandte den Schändlichen mit nöthiger Bothschaft an den Herzog. Dieß einzige ist wahr, das übrige schändliche Lüge. Ich danke euch, ich werde es lohnen, daß ihr meine Ehre so absichtlich schontet, dem Undankbaren nicht Gelegenheit gönntet, sie muthwilligen Zungen anzuvertrauen. Geht, denn ich habe Fassung nöthig, ich will nicht im Zorne, sondern mit kalter Ueberlegung die Verläumder richten. Noch eins: Das erste Lehn, welches der Tod frei macht, soll euer und eurer Erben Eigenthum seyn, wenn ihr mir dagegen gelobt und schwört, dieser Bothschaft in keines Sterblichen Gegenwart zu gedenken, sie ganz aus eurem Gedächtnisse zu vertilgen.

Die Ritter. Wir geloben's und schwören's! Wir werden Gelübde und Schwur als redliche Männer erfüllen!

Mathilde. Gott mit euch und euerm eblen Vorsazze. Weilt noch einige Zeit zu Canossa, ihr sollts nicht unbelohnt verlassen.

Sie gingen, in Mathildens Herzen tobte und stürmte es schreklich. Die Feinde ihres Glüks und ihrer Ruhe hatten alle ihre Absichten erreicht. Mathilde war nun überzeugt worden, daß Versöhnung mit dem Herzoge ein unmöglicher Wunsch sei, der ihre Ehre, ihren Ruf unmittelbar kränken müsse, wenn sie ihn ferner zu fördern suche. Die alte Wärterin des Kindes liebte solches gleich der Mutter innig und zärtlich, immer sprach sie mit dieser zum Vortheil des ersteen, und ermahnte sie, Mutterpflicht an ihm zu erfüllen, ihm den rechtmäßigen Vater und mit diesem alle angebohrne Rechte zu schenken.

Die Neider hörten diese Reden ungerne, und wälzten jezt absichtlich den Verdacht des Verraths auf diese treue Wärterin, damit Mathilde im Zorne gegen sie ergrimmen, und sie plözlich entfernen möge. Eine edle Vitani war wirklich in den Armen eines unbekannten Ritters entflohen, hatte, wie die Sage ging, ihren Weg gen Helvetien genommen. Die Verläumder benuzten auch diese Begebenheit, um in Mathildens Herzen Eifersucht zu wekken, und schlossen ganz natürlich, daß sie um des treulosen Vaters willen auch sein Kind hassen würde. Alles gelang, alles erfolgte ihrem kühnen Wunsche gemäß.

Kaum hatten sich die Ritter entfernt, und ihre Erzählung in der Versammlung der Verbündeten noch nicht ganz vollendet, als schon die Wächter des Kindes Wärterin über den Burghof nach dem Thurme schleppten. Sie sandten Späher aus, und bald ward ihnen die noch angenehmere Nachricht, daß zwei der vertrautesten Dirnen Mathildens in Mänteln gehüllt aus der Burg gezogen wären, daß es ihnen äußerst wahrscheinlich dünke, eine derselben habe den Knaben in ihrem Armen gehalten.

Im Jubel über diese Freudenpost vergaßen sie, den Dirnen Bothen nachzusenden, erst später fiel ihnen diese nöthige Vorsicht bei, sie spähten aber vergebens umher, und die Dirnen kehrten nie mehr zurük.

Mit der gewissen Hoffnung, daß Mathilde ihnen selbst alles entdekken würde, nahten sich jezt einige derselben ihrem Gemache, es wurde ihnen geöffnet, sie mit gewöhnlicher Freundschaft empfangen, aber Mathilde gedachte der ganzen Begebenheit mit keinem Worte.

Ihr Gesicht trauerte sichtbar, oft drang so gar aus dem starrenden Auge eine Thräne hervor, die ihre Hand aber immer schnell verwischte.

Die Verbündeten achteten es für vortheilhaft diese auffallende Traurigkeit zu rügen, sie hofften Vertraute ihres Kummers zu werden, aber Mathilde versicherte, daß ihr Leiden keine Worte habe. Sie forschten jezt mit verstellter, banger Sorgfalt nach dem Wohlbefinden des Kindes, Mathilde lächelte schmerzhaft, und versicherte standhaft, daß es seit einigen Stunden nicht mehr in dieser Burg wohne.

Alle fragten nun nach der Ursache des schnellen und plözlichen Entschlusses, Mathilde antwortete Anfangs gar nicht, und versicherte endlich im ernsten Tone, das derjenige, welcher jezt oder spät nach dem Kinde forschen würde, ihr Herz tödlich beleidige, nicht mehr Antheil an ihrer Freundschaft haben könne.

Mein grauses Schiksal, fügte sie hinzu, hat es den mütterlichen Armen entrissen. Wo es lebt? Wie es lebt? soll, so Gott will, niemand erfahren, selbst der Tod soll nicht fähig seyn, meinen Lippen dieß Geheimniß zu entreissen. Ich bin mit Verräthern umgeben, mein argloses Herz ist schändlich betrogen worden, ich will Sorge tragen, daß der Betrug nie mehr wiederholt werde.

Mit dieser sparsamen Nachricht mußten sich die Späher diesmal begnügen, aber sie spotteten heimlich über den Entschluß der Schwachen, und hofften mit Zuversicht, daß die Zukunft enthüllen werde, was die Gegenwart so hartnäkkig verweigere. Sie feierten indeß im fröhlichen Zechen den glüklichen Erfolg ihres Plans, auch hatten sie volle Ursache dazu. Jede Versöhnung mit dem Herzoge schien nun vernichtet, und durch die Entfernung des Kindes, durch die Gewißheit, daß es nie als Mathildens Gebohrner in der Welt erscheinen könne, die reiche Erbschaft gesichert.

Mathildens Gram und Kummer war stärker und anhaltender, als man vermuthete. Sie floh jede Geselschaft, irrte einsam in den entlegensten Theilen ihres Gartens umher, und kehrte oft mit weinenden Augen zurük. Sie schien sich ganz einer finstern Melancholie zu weihen, die sichtbar an ihrem Körper nagte, sie jedes Genusses der Freude unfähig machte. Vergebens suchten sie ihre Scheinfreunde zu trösten, vergebens riethen sie ihr so gar, ihren kleinen Liebling wieder nach der Burg zu rufen, sie reizten durch diesen Rath ihren Zorn, und wagten ihn nicht mehr.

Alle ihre Mühe, die sich täglich mehrte, war vergebens, den Aufenthalt, das Schiksal des Knabens auszuforschen. Die ausgezognen Dirnen kehrten nicht zurük, kein Bothe erschien, kein Bothe ging an sie ab, und Mathilde verließ nie ihre Burg. Die nahe und entfernte Gegend ward vergebens durchspäht, keiner hatte die Dirnen gesehen, keiner konnte Nachricht von dem Aufenthalte des Knabens geben.

Dieser Umstand bewog die Verbündeten zu glauben, wenigstens zu hoffen, daß Mathilde im Anfalle der Wuth den Knaben wahrscheinlich mit eigner Hand ermordete, und nun ihre rasche That vergebens beweine, beklage.

Diese Vermuthung, welche die Folge immer mehr zu bestärken schien, war allen äußerst angenehm, weil sie mit Gewißheit voraus sahen, daß die bereuende, trostheischende Mathilde sich endlich in die Arme der Religion werfen, ihr all ihr Erbe opfern würde, um sich dafür Vergebung und Ruhe zu erkaufen.

Als sie diesen glücklichen Erfolg ihr Thaten täglich und stündlich erwarteten, erscholl mit einmal die allen gleich unerwartete Nachricht, daß Kaiser Heinrich mit einem großen Heere schon über die Alpen nach Italien gezogen sei, daß dieß Heer zahlreicher als je wäre, weil Herzog Welf aus Baiern sich mit dem Kaiser versöhnt habe, und nun seine Macht fürchterlich verstärke. Alle zagten, und unter diesen Papst Urban am meisten, weil die wankelmüthigen Bewohner Roms seinen Gegner den Afterpapst Klemens wieder unter sich aufgenommen hatten, und er von dieser mächtigen Stadt keine Hülfe erwarten konnte.

Schon wollte er dem siegreichen Heinrich mit dem Rauchfasse in der Hand entgegen ziehen, und ihm freiwillig zugestehen, was er ihm nicht weigern konnte, als die trauernde, klagende Mathilde mit einem Schwerde umgürtet, mit einem Harnische angethan, in die Versammlung der Verzagten trat, ihren Muth wekte, und ihnen standhaft erklärte, daß sie sich der Macht des Kaisers widersezzen, ihre Getreuen selbst gegen ihn anführen und es nicht dulden werde, daß einst der ungetreue Welf ihr Erbe beherrsche, in ihrer Burg mit seinen Buhlerinnen schwelge.

Dieser unerwartete Entschluß belebte alle mit Muth und Hoffnung, sie versprachen mit zu wirken, und bald hemmte Mathildens Heer Heinrichs siegreiche Schritte.

Die tapfern Deutschen trieben zwar Anfangs den Widerstand schnell zurük, konnten es aber doch nicht verhindern, daß ein großer Theil von Mathildens Heer sich in Mantuas Mauern warf, und die Folgen des blutigen Siegs dadurch vereitelte.

Indeß Heinrich diese wohlbefestigte Stadt zu erobern suchte, gewann Mathilde sammt ihren Anhängern Zeit dem verheerenden Strome einen neuen Damm entgegen zu stellen. In Canossas Ebnen sammelte sie abermals ein Heer, mit welchem sie eben dem bedrängten Mantua zu Hülfe eilen wollte, als ihr die traurige Nachricht ward, daß der junge

Welf sich mit den Verwegensten unter Heinrichs Heere vereinigt, und die Stadt mit stürmender Hand erobert habe. Schnell einander folgende Eilbothen brachten überdieß die Bothschaft, daß das siegreiche Heer strats aufgebrochen sei, und sich mit eilenden Schritten Canossa nähere. Die Heldin fühlte sich zu schwach, mit ihrem muthlosen Haufen dem Sieger entgegen zu gehen, sie zog sich nach Canossa zurük, und war fest entschlossen, sich eher unter den Mauern der Veste begraben zu lassen, als lebend den Siegern in die Hände zu fallen.

Wie sie am dritten Morgen mit diesem Vorsazze, die Zinnen der Thürme bestieg, und der Deutschen Waffen schon in einem nahen Forste glänzten, da sank ihr Muth, da ward die Heldin zum Weibe, sie jammerte, weinte laut, und wüthete verzweiflungsvoll in ihrem Haare.

Vergebens suchte sie der Abt zu Canossa, welcher neben ihr stand, zu trösten, vergebens stellte er ihr vor, daß dieser Anblik nicht unerwartet komme, als gewiß voraus zu sehen war, und deswegen noch nicht alles verlohren sei. Mathilde achtete seine Trostworte nicht, sie eilte klagend von den Mauern herab, forderte Schreibgeräthe, und gebot allen Anwesenden Entfernung.

Alle wichen, nur der Abt von Canossa nicht, er war Urbans getreuster Anhänger, er sah ein, daß wenn Zeit gewonnen würde, alles gewonnen wäre, weil Erfahrung ihn belehrt hatte, daß der Deutschen Heer nie lange friedlich unter sich handle, sich bald durch Zwietracht schwächen, bald durch Krankheit und Seuche hingerafft werden würde.

Urban, welcher ſich bei der nahenden Gefahr aus Canoſſa entfernte, hatte ihm überdieß gegründete Hoffnung gemacht, daß er den ſiegreichen Heinrich bald zwingen wolle, nach Deutſchland rükzukehren, weil er an den mißvergnügten Konrad, Heinrichs Erſtgebohrnen, Bothen geſandt, und ihm verſprochen hatte, ihn ſogleich als Kaiſer der Deutſchen zu krönen, wenn er Aufruhr erregen, und gegen den gedachten Vater öffentlich aufſtehen würde. Alle dieſe Urſachen bewogen den Abt, Mathilden nicht zu verlaſſen, ſie an einem Schritte zu hindern, der mit einmal alle Hoffnungen vernichten könne.

Mathilde. (ſich die Thränen abwiſchend, zum Abte) Habt ihrs nicht vernommen, daß ich allein und ungeſtört denken will.

Abt. Euer treuster Freund hoffte eine Ausnahme zu verdienen.

Mathilde. Ich kann sie euch nicht gewähren. Geht!

Abt. Ich bleibe! Sorge für eure Ehre und Ruhm, für euer Land, und das Schicksal eurer Getreuen gebietet mir, euch den willigen Gehorsam zu versagen! Ich bleibe, um euch an einem Schritte zu verhindern, der dieß alles vernichten, alle der Rache eurer und unserer Feinde aufopfern würde.

Mathilde. (standhaft) Noch bin ich keine Gefangne! Noch erkennt mich Canossa als seine Herrscherin.

Abt. Aber bald nicht mehr, wenn ich euern sinkenden Muth nicht wekke. — —

Mathilde. Grausamer!

Abt. Ihr werdet mir diese Grausamkeit einst zum Verdienste rechnen.

Mathilde. Unempfindlicher! Mit dir kann ich mein Geheimniß nicht theilen, dir ist das Gefühl des Vaters, der Mutter fremd! — — Du kannst, du wirst mich nicht verstehen.

Abt. (mit sanfter Verstellung) Glaubts nicht, edle Frau! Wir müssen zwar dieser angenehmen Empfindung auf immer entsagen, aber wir fühlen sie in unsrer Einbildungskraft um so stärker.

Mathilde. O dann mußt du auch meine Thränen, meinen Jammer verstehen, mußt fühlen können, was ich empfinde.

Abt. Ich nehme warmen Antheil an euerm Kummer, ich weine mit euch, wenn eure Thränen dem Verluste eines geliebten Kindes geweiht sind.

Mathilde. Ah, allgewaltiger Forscher, du blikst in mein Herz, es öffnet sich dir, es bedarf Trost, Rath und Hülfe. Im Forste, wo die gezükten Schwerder der grausamen Deutschen blinken, in diesem Forste lebte bisher vor jedem menschlichen Auge verborgen das Kind des Schmerzens, welches ich vor einigen Monden gebahr. Die Grausamkeit des Vaters, der üble Ruf, mit welchem die getreuesten meiner Diener meine Ehre zu beflekken suchten, zwang mich, der Zärtlichkeit einer Mutter zu entsagen, seine Pflege fremden Händen anzuvertrauen, und dem Vater aller zu überlassen: Ob er den unschuldigen Wurm mit seinem Allmachtsflügel bekken wolle? Die Wahl der Wärter war schnell, aber vortrefflich, der Knabe gedeihte unter dem Schatten der Bäume, in den Höhlen der Felsen vortrefflich. Erst vor drei Tagen legten ihn die Getreuen gesund in meine Arme, und gönnten mir einige Stunden lang die Wonne, mich an seinem Lächeln zu laben, und sein fröhliches Lallen zu hören. O es war nicht Zärtlichkeit, nicht Größe des mütterlichen Gefühls, es war Ahndung, als ich den Theuern nicht aus meinen Armen lassen wollte! Ich trennte mich ungerne, fast mit Gewalt, und nun — — Heute wollte ich ihn. Troz allem Gerüchte wieder ingeheim nach meiner Burg berufen, und sehe ihn jetzt von Feinden umringt. Vielleicht ist er schon entdekt, vielleicht schon ermordet! — O wenn du ähnliches Gefühl kennst, dir wenigstens denken kannst, so labe mich mit Rath und Trost.

Der Abt verwies nun Mathilden in ge-
linden Ausdrükken den Mangel an Zutrauen,
welchen sie seit einiger Zeit gegen ihn und
ihre wahren Freunde geäußert habe. Hättet
ihr, sprach er, uns die Obsorge des Knaben
anvertraut, wir würden ihn als den unschäz-
baren Beweis eurer Freundschaft sorgfältiger
bewacht, nicht in den Höhlen des Forstes
verwahrt haben, wo er immerwährender
Gefahr, und jedem Anfalle der wilden Thiere
ausgesezt war.

Mathilde. Was müssen Vorwürfe,
wenn ich Hülfe heische?

Abt. Auch diese soll euch werden. Euch von
meiner Treue zu überzeugen, will ich mich verkleidet unter die Feinde wagen, will euch entweder heute noch Nachricht von euerm Kinde bringen, oder mein Leben in euerm Dienste enden.

Mathilde. Dank dir, Ehrwürdiger, jezt erst überzeugst du mich, daß mein Mißtrauen gegen dich ein Fehler war. Gern wollte ich ihn verbessern, wenn's möglich wäre. Der Antrag deines großen Dienstes nüzt mir nichts, ich kenne die Höhle nicht, in welcher die Wärterinnen mit dem Knaben wohnen, mein Fuß betrat sie noch nie. Jede Nacht gab mir eine der Getreuen durch ein verabredetes Zeichen, welches sie in eine Lükke der Gartenmauer legte, Nachricht von dem Wohlbefinden des Knabens. Ein von mir gegebnes berief sie, wenn ichs wünschte, nach dem geheimen Ausfalle, wo ich sie sprach, und einmal den Knaben sah.

Abt. Dann ist freilich die schöne Hoffnung, euch dienen zu können, ganz vereitelt.

Mathilde. Und mir bleibt kein anderes Mittel, als meinen Vorsaz auszuführen.

Abt. Darf ihn der geprüfte Freund nicht vorher hören, nicht seine Meinung darüber äußern?

Mathilde. Er darfs, wenn er sein Gefühl nicht verläugnet, nur meinen Schmerz, nicht meinen Vortheil erwägt. Ich will dem deutschen Kaiser Bothen senden, will ihm Friedensvorschläge machen, will gegen große Aufopferung wenigstens Waffenstillstand, und vorzüglich Rükzug aus dem Forste erkaufen, damit meine Getreuen indeß den Forst durchspähen, und die Wärterinnen sich mit dem Kinde nach der Weste retten können. Ich fühle es zu deutlich, daß kein Opfer, sei's auch noch so groß, den Schmerz aufwiegt, welchen ich über den Verlust des Knabens empfinden würde. Schon hat seine Abwesenheit mir unzählbare Thränen gekostet, seinen Tod würde ich Lebenslang beweinen müssen. Ach, ehrwürdiger Freund, seit ich Mutter bin, hat sich mein Herz gewaltsam geändert, Durst nach Ehre und Größe füllt es nicht mehr, Liebe und zärtliches Gefühl beherrscht es ganz. Kann es seine Neigung befriedigen, und seinen Liebling stets sehen, so ists ihm äußerst gleichgültig: Wer über Italien herrscht, ob tausend mehr oder weniger sich als Vasallen vor ihm neigen?

Abt. Jezt ists nicht an der Zeit, eurer heftigen Leidenschaft Gränzen zu sezzen. Derjenige würde wirklich euer Feind seyn, euch zu noch schädlichern Unternehmungen verleiten, welcher sich ihrem Verlangen widersezzen wollte. Aber Freundes Pflicht ist es, an eurer Statt zu prüfen, und zu untersuchen: Ob euer Vorsaz den Zwek errei‍chen kann? Ist der Knabe entdekt, haben die Wärterinnen alles offen bekannt, so rei‍chen alle eure Schäzze und Länder nicht zu, dem siegenden Feinde diesen Schaz abzu‍kaufen. Man achtet es als ein sicheres Erbe des Kindes, und nimmts in seinem Namen in Empfang. Ist der Knabe — was mein Herz nicht wünscht — von den Barbaren ermordet, so wäre es Grausamkeit, nicht mütterliche Liebe, wenn ihr diese ruchlose That mit Geschenken bezahlen wolltet. Lebt der Knabe noch verborgen in seiner Höhle, so wäre es Thorheit und Widersinn, wenn man den Feind, indem man ihm für den Rükzug aus dem Forste ein großes Opfer bietet, aufmerksam auf den verborgnen Schaz desselben macht. Ich wette, er würde dann argwohnen, jeden Strauch, jeden Stein unter‍suchen, und die Beute sicher finden. Folgt meinem Rathe, er ist besser und sicherer. Ich will in eurem Namen, als euer Abgesandter mit dem Friedenspanner nach dem Forste ziehen. Ich will nach dem Anführer des Heers fragen, mit scharfen Augen umherspähen, in jedem Gesichte nach Entdeckung forschen, und mich, ehe ich vor dem Anführer erscheine, schon zu überzeugen suchen: Ob man die Beute fand, und ihren Werth kannte?

Mathilde. Nun? Und dann?

Abt. Dann will ich nach dieser Ueberzeugung handeln. Durch kluge Verstellung das Vertrauen des Anführers zu gewinnen suchen, ihn in jedem Falle zum Vermittler zwischen euch und dem Kaiser wählen, und seinem Ehrgeize dadurch Nahrung vorwerfen.

Mathilde. Noch erblikke ich keine Rettung.

Abt. Sollt sie bald sehen, und gierig darnach haschen. Er ist ein offner, verstellungsloser Deutscher, und verlieren will ich eure mir so theure Gunst, wenn ich in dieser Unterredung nicht vollkommne Gewißheit erhalte: Ob man den Knaben fand, und seine Geburt ahndete? Werde ich vom letztern überzeugt, so bleibt freilich kein anders Mittel, als Lösungsopfer anzutragen, und sich der Willkühr des Siegers zu überlassen. Ist er aber noch unentdekt, oder ahndet man seinen Stand nicht, so fordere ich es als einen Beweis seiner Großmuth, daß er mir vergönne, im Forste umher zu spähen: Ob sich nicht zwei Dirnen, welche am vorigen Abende mit dem Knaben meiner Schwester in Canossens Gefilde lustwandelten und nicht wieder kehrten, in seinen Höhlen verborgen halten? Du bist, will ich zu ihm sprechen, ein edler, biedrer Deutscher, du führst nicht Fehde mit Dirnen und Kindern, du wirst mir meine Bitte gewähren, und deine Feinde überzeugen, daß dir Großmuth nicht fremd sei.

Mathilde. Ziehe im Namen des Herren! Ich will deinem Rathe nicht widerstreben, ein glüklicher Erfolg ist möglich — Warum sollte ich nicht wenigstens einige Stunden lang mit dieser süßen Hoffnung, meinen Schmerz lindern? Kehrst du aber ohne Nachricht, ohne Trost zurük, dann werde ich keines Raths mehr achten, nicht als Regentin, nur als Mutter handeln.

Der Abt zog nun wirklich nach dem Forste. Ihm ward bange ums Herz, er zagte mächtig, als man ihm meldete, daß der Haufe, welcher im Forste lagere, von dem jungen Herzog Welf angeführt werde. Er schöpfte Hoffnung und Muth, wie man hinzufügte, daß er eben nach des Kaisers Lager geritten sei, und er bis zu seiner Rükkehr harren müsse, wenn er ihn hier sprechen wolle.

Der Abt hatte nun wenigstens Zeit seinen Antrag zu ordnen, sich zu entschließen: Wie und was er mit dem Herzoge sprechen wolle? und vorzüglich umherzuspähen: Ob man den Knaben schon entdekt habe? — — Er fand in keinem Gesichte die Spur einer genoßnen Freude. Nur zwei Reisige lächelten Verdacht erregend, und wekten Angst in seinem Herzen, als sie sich selbst erboten, das Zelt zu bewachen, nach welchem der Abt geführt wurde. Kaum hatten sich die Uebrigen entfernt, so begann folgendes Gespräch.

Ein Reisiger. Ihr seid also der Abt von Canossa? Hattet wahrscheinlich (auch Antheil an der grausamen That, welche die stolze Mathilde an den unglüklichen Dirnen übte, die wir einst liebten, und wider Verschulden lassen mußten?

Abt. (hoch auf horchend) Welche Dirnen?

Der Reisige. O fragt nicht lange? Verstellung entehrt euern Stand und euer Kleid. Als ich sie gestern in einer Höhle fand, sie mir mit einem unnachahmlichen Gemische von Jammer und Freude, von Angst und Hoffnung in die Arme sank, das Pfand unsrer Liebe zu mir empor hob, und mir in den rührendsten Ausdrükken ihr Elend klagte, da schwur ich einen theuern Eid, Rache zu nehmen an den Urhebern dieser schändlichen That, sie nie zu vergessen, so lange ich athme und lebe.

Abt. (mit Verstellung) Ach jezt erinnere ich mich! So leben die Unglükli chen noch? O dann sinkt eine Last von meinem Herzen, die schwer darauf ruhte. Immer forschte ich vergebens nach ihnen, immer blieb der Wunsch, ihr Retter zu werden, unbefriedigt.

Der Reisige. Heuchler!

Abt. Gott verzeihe euch die Beleidi gung, ich verdiene sie nicht. Wo sind die Dirnen? Laßt sie hertreten, fragt sie·in mei ner Gegenwart: Ob ich nicht ihr einziger, und warmer Vertheidiger war? Ob ich nicht alles anwandte, nicht so gar Mathildens Zorn reizte, um sie dem Unglükke und dem Elende

zu entreissen? Daß meine That nicht gelang, daß man die Unglüklichen doch aus der
Burg jagte, schwächt darum ihren Werth
nicht.

Der Reisige. Wenns so wäre, dann
wollte ich euch herzlich danken, und euch bei
Gott schwören, daß euch — ende die Fehde,
wie sie wolle, kein Haar auf eurem Haupte
verlezt werden sollte.

Abt. Es hängt von euch ab, euch von
der Wahrheit meiner Worte zu überzeugen.

Der Reisige. Geh hinab zu den Dienen, melde ihnen des Abts Gegenwart, und
seine Rede. Enthält sie Wahrheit, so hindere es nicht, wenn sie ihm danken wollen.
Ich werde dann nicht der lezte seyn, um
euch zu überzeugen, daß auch in meiner

Brust ein dankbares Herz schlägt. (Der Reisige ging).

Abt. Hat die Dirne wirklich gebohren? Lebt die Frucht eurer Liebe noch?

Der Reisige. Die Unglükliche gebahr in einer Höhle des Forstes. Ihre mitverstoßne Schwester stand ihr redlich bei, und Gott fristete ihr und des Kindes Leben. Mathilde! Mathilde! Du wirst es einst schwer verantworten müssen, wenn es auch hier nicht gerächt wird. Ha! Zorn und Wuth durchbebt mich, wenn ich nur ihren Namen ausspreche. Sie, die unserm guten Herzoge selbst ungetreu ward, selbst buhlte, und im Verborgnen ein Kind gebahr, das sie mit grausamer Hand erstikte — — Sie verstößt unbarmherzig eine Dirne, die nicht eheliche Treue brach, die nur aus allzu großer

Liebe fiel, der ich meine Hand gereicht hätte, wenn mein Herzog nicht so schnell nach Deutschland rükgekehrt wäre. — —

Abt. (mit verstelltem Erstaunen) Wie? Ihr seht meine Verwunderung! — Mein Gedächtniß weigert sich eure Erzählung zu fassen. Wäre Mathilde solcher Thaten fähig, hätte ich sie nur geahndet, dann würde ich längst anders mit ihr gesprochen haben. Unmöglich! Eure Erzählung ist eine Mähre.

Der Reisige. Euer Zweifel macht eurem Herzen Ehre, aber er schwächt darum nicht die Wahrheit meiner Erzählung. Die Geburt eines unehlichen Kindes war unserm Herzoge schon längst bekannt, die Art des Todes erzählten mir erst gestern die Dirnen, freilich können sie ihn nicht beweisen, aber sie sahens mit eignen Augen, wie man das Kind ingeheim im Garten begrub.

Abt. Schrekllch! Schreklich! Offen muß ich es dir gestehen, daß mein Ohr die heimliche Sage vernahm, aber nie mein Herz berührte. Nun werde ich schlecht zum Vortheile Mathildens mit deinem Herrn sprechen können. Mein Herz haßt ein solches Weib, ich muß Gott bitten, daß er uns einen bessern Regenten schenke.

Wie der Abt noch einige Zeit in seiner Verstellung fortgefahren war, und dem redlichen Reisigen um so argloser wurde, nahten sich die Dirnen. Eine derselben trug den schlafenden Knaben auf ihren Armen; die Listigen erfüllten ganz den Wunsch und die Absicht des Abtes, sie hatten durch den Bothen schon vernommen, wes sich der Abt rühme, sie nahten sich ihm jezt mit Ehrfurcht und Freude, bekannten offen, daß er allein sich ihrer aufs thätigste annahm, gewiß ihr Retter geworden, wenn Mathildens hartes Herz der Erbarmung fähig gewesen wäre.

Der verliebte Reisige wiederholte nun seinen Dank, und nannte den Abt seinen Vater. Dieser wünschte sehnlich mit den Dirnen allein zu sprechen, da er muthmaßte, daß der Reisige der wälschen Sprache kundig sei, so wagte ers in seiner Gegenwart nicht, sich dieses möglichen Mittels zu bedienen. Er versuchte List, und sie gelang vollkommen. Die Bitte, daß er nachsehen möge, wenn der Herzog aus dem Lager rükkehre, trieb den Dankbaren sogleich aus dem Zelte nach einer freien Anhöhe, und gönnte dem Abt hinlängliche Zeit, mit den Dirnen zu sprechen.

Eine Dirne. Seid ihr, was wir muthmaßen, ein Abgesandter Mathildens? Sollt ihr unter einem erdichteten Vorwande Kundschaft von uns einziehen?

Abt. Ich bin ihr Gesandter. Die Mutter beweint ihr verlohrnes Kind, denkts in Feindes Händen, siehts in der Größe ihres Jammers schon blutend am Boden röcheln. Mein Antrag, den ich dem Herzog machen will, ist Verstellung, meine Absicht ist schon jetzt erreicht, da ich euch und das Kind in euern Händen gesund erblikke. Ich bin über eure List erstaunt, ich bewundere sie mit Ehrfurcht, und werde es eurer edlen Frau erzählen, daß tausende ihr dienen, aber unter diesen tausenden keiner die Probe ächter Treue gleich euch bestehen wird.

Eine Dirne. Alles was wir thaten, und noch thun werden, ist Schuldigkeit, welche wir stets mit Freuden erfüllen. Um unsrer Gebieterin Herz ganz trösten zu können, muß ich euch in schneller Eile unsre List, und den glüklichen Erfolg derselben erzählen.

Gestern, als der Sonne höchste Höhe den Mittag verkündigte, hörten wir Waffengeklirre und Huftritte rings um unsre stille Höhle. Wir ahndeten Gefahr, und entschlossen uns zur Flucht. Kaum hatten wir die Höhle verlassen, so wurden wir von einem großen Haufen Reiter umringt. Ich erkannte sie auf den ersten Blik für Deutsche, und forschte sogleich in ihrer Sprache, nach einem jungen Reisigen, der ehemals mit dem Herzoge nach Canossa kam, mich lieb gewann, und ehlichen wollte. Ehe er sich aus dem Haufen hervordrängte, war der Plan zur Rettung des mir anvertrauten Kindes schon entworfen.

H 2

Die Freude, den wirklich Geliebten wieder zu sehen, die Treue, mit welcher ich seiner stets gedachte, mußte der Pflicht und Verstellung weichen. Ich erzählte ihm, was euch schon kund ward, nannte den Knaben mein und sein Kind, und der Redliche glaubte jedes meiner Worte, fühlte die Freuden eines Vaters, und dankte Gott für unsere wunderbare Errettung.

Er war berechtigt, meine Erzählung für ächt zu halten, denn wie er mit dem Herzoge in Kampf nach Deutschland so unverhofft ziehen mußte, da war es ihm und mir schon volle Gewißheit, daß ich schwanger sei. Sein Abschied kostete mich aus dieser Ursache häufige Thränen, ich würde der Schande, die mir drohte, entflohen, ihm wahrscheinlich nach geflohen seyn, wenn mich die Großmuth meiner Gebieterin nicht gerettet hätte. Sie ahndete meinen Zustand, heischte Geständniß und gewährte mir volle Vergebung, weil sie eben dazumal auch Mutter zu werden begann. Ich lebte mit ihr in den verborgnen Gemächern der Burg, und gebahr zwei Tage früher als sie. Wie ihr holder Knabe das Licht der Welt erblikte, hatte der meinige schon seine Laufbahn vollendet, ich begrub ihn unter einer Ulme in des Gartens entferntesten Gegend. Ich war Mathildens Vertraute geworden, mußte ihren Knaben säugen, wenn Nothwendigkeit und Zwang, sie an dieser Pflicht hinderte.

Als der grausame und ungetreue Herzog sie zwang, den Knaben aus ihrer Burg zu entfernen, ward ich ihre Rathgeberin, ich versprach den Knaben von aller Menschen Augen entfernt, groß zu ziehen, und würde meine Absicht erreicht haben, wenn die wilden Krieger nicht jeden Winkel des Forstes durchspäht hätten. Die Dirne, welche du hier erblikst, war diese Zeit meine Gesellschafterin, auch sie liebte einst einen Deutschen, und das günstige Schikfal gönnte auch ihr seinen Anblik wieder. Wir achteten es für höchst nöthig, Mathilden gegen uns grausam und unbarmherzig zu schildern, um jeden Verdacht zu entfernen, der sicher entstanden wäre, wenn wir keine gültige Ursache angeben konnten, weswegen wir in der Höhle verborgen lebten. Bringe Mathilden unsern herzlichen Gruß, erzähle ihr, daß unser Mund sie zwar beleidigte, keine Zeit, keine Gefahr aber je vermögend seyn werde, die Treue zu tilgen, welche in unsern Herzen für sie und ihr Kind lebt. Ich liebe den redlichen Deutschen, aber ich würde ihn äußerst hassen, wenn er mich hindern sollte, diese Pflicht zu erfüllen. So bald es Zeit und Gelegenheit erlaubt, wird mein Herz sich stark genug fühlen, ihn zu verlassen, um das kostbare Pfand in Mathildens eigne Hände zu überliefern. Ich hoffe, daß die Liebe ihn zwingen wird, mir zu folgen, aber ich werde nicht verzweifeln, wenn er seiner Fahne treu bleibt, und Trost in dem Gedanken finden, meine Pflicht gleich ihm erfüllt zu haben.

Abt. Eure Erzählung erquikt mein Herz, wie der Thau das welke Grab, aber ich zweifle, ob sie auf ähnliche Art auf Mathilden wirken wird. Sie wird Beweise fordern, und ich kann ihr keine gewähren.

Die Dirne. Doch! Auch dafür sorgte die Sorgfalt der Mutter im Voraus. Bringt ihr dieß Goldstük, und sie wird überzeugt seyn, daß es uns, und ihrem Kinde wohl gehe. Sagt ihr ferner, daß wir für das Leben des Kindes haften, mit diesem dann erst nach der Veste flüchten werden, wenn wir auch nicht die geringste Gefahr zu fürchten haben, und gewiß sind, unsern Endzwek zu erreichen. Denn ungewisse Flucht würde wahrscheinlich alles verrathen, wenigstens unsre Lage sehr verschlimmern. Sollte, wies sehr wahrscheinlich ist, Canossa von dem Kaiser belagert werden, so sind wir hier weit sicherer, und werden uns der Veste nicht eher nahen, als bis sie uns größere Sicherheit gewährt. Dem Herzen der harrenden Mutter dieß alles begreiflich zu machen, ihren Kummer ganz zu vertreiben, überlassen wir eurem beredsamen Munde, er wirds besser, als wir vermögen. Noch muß ich euch aber versichern, daß der Herzog und der Kaiser gleich stark gegen unsere Gebieterin erzürnt sind, daß der erstere euch mit

harten Worten begegnen, und eure Friedensvorschläge nichts fruchten werden, wenn ihr
nicht Vollmacht habt, alles zu bewilligen,
was sie als übermüthige Sieger fordern
werden.

Abt. Dieß weiß ich, dieß sehe ich voraus, und achte eine Unterredung mit dem
Herzoge ganz für überflüssig. Ich habe nun
alles erfahren, was ich zu erfahren wünschte,
und will nun unter dem Vorwande, daß
der Herzog allzu lange weilt, nach Canossa
rückkehren. — —

Die Dirnen billigten seinen Entschluß,
machten ihn den Wächtern kund, und der
Abt zog mit der Versicherung, daß er morgen wieder kehren werde, ungehindert mit
seinem Friedenspanner nach Canossa.

Mathilde harrte seiner mit gränzenloser Ungeduld, sie bestürmmte ihn mit tausend Fragen, die er nicht zugleich beantworten konnte, und doch beantworten sollte. Endlich verschaffte ihm die Versicherung, daß er die freudenreichste Bothschaft bringe, ruhiges Gehör. Er erzählte ihr alles, ihre Thränen stokten, Freude und Wonne glänzte in ihrem Angesichte, nahm festen Siz darin, als er ihr zum Beweise der Wahrheit das Goldstük überreichte, sie untersuchte es genau, und dankte ihm mit Innbrunst, als dieser unläugbare Beweis seine Erzählung bestätigte.

Mathilde ward nun wieder ruhig und thätig, vorher wollte sie den Siegern alles willig überlassen, jezt beschloß sie die Veste und Stadt hartnäkkig zu vertheidigen, und ruhig der Hülfe entgegen zu harren, die sie mit vollem Rechte von ihren Freunden und Bundesgenossen erwarten konnte.

Kaiser Heinrichs Lieblingswunsch war schon von lange her, die Mauern des stolzen Canossa zu zerstören, und die Stätte zu vertilgen, auf welcher er einst gleich einem Bettler Gregors Gnade entgegen harren, und im schwarzen Gewande Buße thun mußte. In Herzogs Welf Herzen stürmte ähnliche Begierde. Er lachte hoch auf, wenn er sich die Möglichkeit dachte, daß die stolze Mathilde, welche ihn so tief gekränkt hatte, als Gefangne und Ueberwundne zu seinen Füßen schmachten, Gnade und Erbarmen stammeln würde. Beide hatten daher fest beschlossen, keinen Friedensantrag zu hören, die Fehde nicht eher zu enden, bis sie ihr Ziel erreicht hätten.

Canossa ward daher schon am andern Tage umzingelt, am dritten mit einer Wuth bestürmt, die selten und äußerst heftig war. Aber Mathilde widerstand noch stärker und heftiger, die Deutschen wurden nicht allein zurükgeschlagen, sondern auch von Mathildens siegreichem Heere bis nach dem Forste verfolgt, in welchem die Flüchtlinge keine sichere Zuflucht gefunden hätten, wenn nicht Mathilde Rükzug gebot, um den geliebten Knaben, keiner Gefahr auszusezzen. Zwei lange Monden verflossen nun unter abwechselndem Kampfe und Glükke, doch war das leztere immer mehr auf Mathildens Seite, und selten konnten sich die Deutschen eines Vortheils über ihre Gegner rühmen.

Schon begann die Stadt Mangel an Lebensmitteln zu leiden, schon wollte sich Mathilde mit ihrem Heere einen rühmlichen

Rükzug gen Rom erkämpfen, als man ihr an einem Morgen die Nachricht brachte, daß kein Deutscher in der Gegend mehr zu sehen sei, und man die Entfernung ihres Heeres mit Rechte muthmaße. Mathilde achtete dieß für List, und gebot strenge, daß keiner sich außer die Mauern wagen sollte, um nicht in einen versteckten Hinterhalt zu fallen.

Bald aber erschienen Bothen von Urban welche ihr die frohe Nachricht brachten, daß er, indeß sie so wakker kämpfte, ebenfalls rastlos arbeitete, und den mißvergnügten Erstgebohrnen des Kaisers zum Aufruhr reizte. Schon, sprachen die Bothen, naht er sich mit einem zahlreichen Heere den mailändischen Gränzen, dieß bewog den erstaunten Vater, ihm entgegen zu ziehen, und den Fortgang seines Sieges zu hindern.

Bald werden beide Heere mit einander kämpfen, und ihr genießt indeß die volle Freiheit, neue Lebensmittel, neue Krieger zu sammeln, um dem Feinde, kehrte er auch siegreich zurük, besser und länger widerstehen zu können.

Alle jubelten, wie sie diese frohe Nachricht hörten, die verschloßnen Thore wurden geöffnet, und von allen Seiten strömten Lebensmittel und Krieger herbei. Mathilde sah's mit frohem Entzükken, aber ihr Herz erinnerte sie stärker als je an ihren Liebling, die Hoffnung, ihn wieder zu sehen, mehrte sich mit jedem Augenblikke.

Sie bestieg die Warte, um die Gegend überblikken zu können, sie harrte lange, harrte vergebens, und zog endlich selbst nach dem Forste, um denjenigen zu suchen, nach welchem ihr Herz schmachtete. Sie kehrte traurend und klagend zurük, der Jubel ihrer Krieger, die Siegeslieder der Erretteten drang nicht bis zu ihrem Herzen, das der Kummer fest verschloß, ganz allein beherrschte, und der Freude jeden Zutritt hartnäckig verweigerte. Alle Höhlen waren vergebens durchsucht worden, nirgends fand man die Dirnen, immer wards dem sorgsamen, mütterlichen Gefühle gewisser und wahrscheinlicher, daß diese unter Heinrichs Heere wandelten, sich wahrscheinlich deswegen nicht nach der befreiten Veste retteten, weil der anvertraute Knabe indeß gestorben sei, und sie lieber durch Hoffnung die Lebenstage ihrer Gebieterin fristen, als durch schrekliche Gewißheit enden wollten.

Der Abt, welcher auch umherspähte, und eben so sehr, aber freilich aus entgegen gesezter Ursache Gewißheit zu ergründen wünschte, brachte ihr zwar am dritten Tage die Nachricht, daß einige Leibeigne die beschriebnen Dirnen unter Heinrichs Heere mit einem Kinde ziehen sahen, aber Mathilde nahm diese Nachricht für einen mitleidigen Trost, und gewährte ihr keinen Glauben, obgleich der Abt die Leibeignen unter einem andern Vorwande nach der Burg führte, und sie in Mathildens Gegenwart die Erzählung wiederholen ließ. Es gab der Dirnen und Kinder mehrere beim Heere, flüsterte sie dem Abt zu, es wäre Thorheit, wenn ich glauben wollte, daß dieß eben meine Getreuen waren.

Sie weihte sich nun aufs neue dem Kummer, und suchte Einsamkeit, um ihn zu nähren und zu pflegen. Von allen Seiten erschienen bald neue Eilbothen, und mit jedem derselben eine gute Nachricht, aber keine rührte Mathildens Herz, weil dieses seinen Liebling betrauerte. Obgleich Heinrich seinen ungehorsamen Sohn in Mailands Ebenen zum Kampfe gezwungen, tapfer zurükgeschlagen, und beinahe gefangen genommen hatte, so ward die Frucht dieses gerechten Siegs doch vereitelt, und sehr verbittert.

Die listigen Mailänder, welche Anfangs keinen Antheil am Kampfe nahmen, sich hinter ihren Mauern verbargen, stürzten mit einmal in das müde, durch Begierde nach Beute zerstreute, Heer der Deutschen, zerstreuten es vollkommen, und zwangen Heinrichen mit allen seinen Anhängern nach Deutschland zu flüchten. Der Empörer Konrad ward nun im Triumphe nach Mailand geführt, und von dem Erzbischofe Anselm wirklich zum Könige gekrönt. Alle Italiener, welche Heinrichs Rache lange geduldet und gefürchtet hatten, frohlokten über diese Nachricht, nur Mathilde beweinte sie, weil sie sicher glaubte, daß wenn auch ihr Kind bisher noch unter der Obhut der Dirnen gelebt hätte, es doch ganz gewiß in diesem schrecklichen Gefechte samt ihnen sein Leben geendet habe.

Von dieser Zeit an ward ihr Jammer noch stärker, mehrte sich bald bis zu einem hohen Grade von düsterm Tiefsinne, der sie wirklich verhinderte, ihre Länder zu regieren. Die Hoffnung der Verbündeten erwachte nun aufs neue, sie überredeten die Trauernde, sich allen Geschäften zu entziehen, und aus der Mitte ihrer Scheinfreunde Räthe zu ordnen, welche nach Gefallen herrschten, wenigstens den größten Theil der Einkünfte zu eignem Vortheile nüzten.

Mathilde liebte die Einsamkeit, man gönnte ihr solche ungestört, und zeigte sie nur dann dem Volke, wenn dieses an der

Gesundheit oder dem Leben seiner Gebieterin zu zweifeln begann. Ehemals nahm sie an allem, was Italien in der Nähe und Ferne betraf, den lebhaftesten Antheil, jezt forschte sie nie darnach, und schien es ungerne zu hören, wenn man ihr die wichtigste Begebenheit kund machte. Ruhe und Friede herrschte jezt in diesem glüklichen Lande, zwar befehdeten sich hie und da noch immer Städte und Edle unter einander, aber diese Fehden hatten keinen Einfluß aufs Ganze, befestigten so gar die Freiheit, nach welcher Italiens Bewohner schon so lange vergebens geseufzet hatten.

Heinrich war im unruhigen Deutschland allzusehr beschäftigt, er mußte seinem Lieblingswunsche, die stolzen Italiener zu demüthigen, wenigstens auf einige Zeit entsagen, und sich mit der unerwarteten Nachricht befriedigen, daß die Treulosen seines Sohnes unedle That selbst rächten, ihn jezt als ein unnüzzes Spielwerk wegwarfen, und endlich zu Florenz mit Gift tödteten.

Da auf diese Art Papst Urban Ruhe und Ansehn erwarb, und von Mathildens Reichthume mächtig unterstüzt ward, so gedachte er aufs neue an das damals so bedrängte heilige Land, zog nach Frankreich, und predigte dort den Kreuzzug, welcher in der Folge so allgemein nachgeahmt wurde, den Eltern ihre Kinder, den Weibern ihre Männer, und am Ende allen diesen Leben und Vermögen raubte.

Heinrichs trauriges Ende und seiner Länder Geschichte gehört nicht weiter in meinen Plan, ich kehre zu Mathilden zurük, welche zwar noch immer trauerte, aber noch

ein langes Leben, doch nie die Freuden des=
selben genoß.

Es ist ungewiß, wann sie alle ihre Gü=
ter der Kirche vererbte, eben so wenig kanns
bewiesen werden: Ob schon Urban oder erst
sein Nachfolger Paschal sie zu diesem Schritte
bewog? — — Genug, daß mein Geschicht=
schreiber versichert, es sei wirklich zu Gun=
sten des Papstes und seiner Nachfolger ein
schriftliches Instrument von Mathilden errich=
tet, darin aber ausdrüklich bedungen worden,
daß die Vergabung alle Kraft verliehren solle,
wenn ihr verlohrner Sohn noch lebe, in ihre
Arme wiederkehre, oder früh und spät einer
seiner rechtmäßigen Nachkommen erscheinen,
und das Erbe seines Vaters in Anspruch
nehmen würde. Der Papst gelobte in seinem
und seiner Nachfolger Namen in diesem Falle
der Vertheidiger des wahren Erben zu wer=

den, und alle seine Macht auf zu bieten, um ihm sein Eigenthum zu schützen und zu vertheidigen.

Wahrscheinlich achtete man damals dieses Versprechen für eine höchst gleichgültige, und unschädliche Handlung, weil man schon lange Zeit, und bei der emsigsten Nachfrage keine Nachricht von dem Knaben vernahm, daher mit vollem Rechte vermuthen konnte, daß er längst schon nicht mehr unter den Lebenden wandle. Wahrscheinlich hatte aber auch Mathilde ihre geheimen Beweggründe, warum sie nur unter dieser deutlichen und festen Bedingung die Vergabung unterzeichnete.

Die Sage erzählt, daß einst ein deutscher Pilger nach Canossa gekommen sei, und geheimes Gehör bei Mathilden verlangt habe. Die lauernden Späher sahen deutlich, wie er ihr ein glänzendes Goldstük überreichte, aber sie waren zu weit entfernt, um die Worte seiner Bothschaft zu vernehmen, und konnten nur aus der Freude, welche sich schnell über Mathildens Angesicht verbreitete, mit Gewißheit schließen, daß sie angenehmen Inhalts wäre.

Ehe sie dieß ihren Obern berichteten, und diese den Entschluß faßten, daß man sich des Pilgers bemächtigen, und reines Bekenntniß von ihm erzwingen müsse, war dieser schon ausgezogen, und nirgends mehr zu finden.

Nur Mathildens ungewöhnliche Heiterkeit, nur ihre Standhaftigkeit, mit welcher sie von nun an ihr Leiden ertrug, ließ die Verbündeten mit Recht argwohnen, daß sie Nachricht von dem Leben des so verhaßten Knabens erhalten habe.

Vorzüglich äußerte sich diese ungewöhnliche Freude in allen ihren Handlungen, als sie vernahm, daß Heinrich der fünfte mit einem großen Heere nach Italien komme. Alle ihre Freunde geriethen darüber in Angst und Schrekken, prophezeiten neue Unterdrükkungen und Kriege, nur sie achtete dieß alles nicht, und war kaum abzuhalten, dem Kaiser in eigner Person nach Florenz entgegen zu ziehen.

Doch konnte es der Papst selbst nicht hindern, daß sie einige ihrer getreuesten Edlen dahin absandte, und ihnen, nebst einigen geheimen Aufträgen, den Befehl ertheilte, in ihrem Namen dem Kaiser den Eid der Treue zu leisten, und das Reichslehen von ihm zu empfangen. Sie erwartete die Rükkehr ihrer Gesandten mit heftiger Ungeduld, ward aber aufs neue tiefsinnig und traurig, wie diese rükkehrten, und ingeheim mit ihr sprachen.

Wahrscheinlich hoffte die noch immer gleich zärtliche Mutter Nachrichten von ihrem Sohne zu erhalten, und erhielte solche nicht, weil sie wieder anhaltend trauerte. Sie nahm keinen Antheil an dem Streite, welchen der Papst wegen der berühmten Investitur mit dem Kaiser hatte, aber sie bewog den Leztern, als er von dem besiegten Rom rükzog, zu einem Besuche in Canossa, und erschien abermals mit heiterm Angesichte, als sie in ihrem Gemache ganz allein mit ihm gesprochen hatte.

Alle muthmaßten, daß sie dem Kaiser ihr ganzes Anliegen entdekt, und von ihm das Versprechen erhalten habe, daß er sich rastlos mühen würde, ihren verlohrnen Sohn in

Deutschland auszuforschen, und in ihre Arme rükzusenden. Einige Worte, welche der Kaiser, als er von dem ihn begleitenden Papste Abschied nahm, in Ansehung der mathildischen Erbschaft äußerte, bestätigten diese Muthmasung, und erfüllten die Herzen der Verbündeten mit Trauer, die aber nach und nach wieder minderte, als keine Nachricht, keine Bothen aus Deutschland erschienen, und eben deswegen Mathilde in ihren Tiefsinn und Unthätigkeit zurük sank.

Wie sie schon das sechs und siebenzigste Jahr ihres Alters erreichte, Vernunft und Sinn schon schlummerte, und der völligen Auflösung entgegen eilte, ward sie von den Verbündeten weniger beobachtet; diese harrten mit voller Gewißheit ihrem nahen Ende entgegen, und gönnten ihr willig die Ruhe und Einsamkeit, welche sie jezt ungestört auf ihrer Veste genoß. Man achtete es nicht mehr für nöthig, die Personen, welche sich ihr näherten, zu beobachten, weil sie selbst jeden Besuch hartnäckig verweigerte, und alle Bothen an ihren Kanzler verwies.

Eben saß sie im Garten, und genoß die erquikkende Wärme der Frühlingssonne, als ein Diener meldete, daß ein deutscher Ritter mit Mathilden zu sprechen wünsche, und Nachfrage hielt: Ob er ihn, ungeachtet seiner emsigen Bitte, an den Kanzler verweisen sollte? Schon hatte Mathildens Begleiterin ohne weitere Anfrage das leztere geboten, als Mathilde wider Gewohnheit nach der Bothschaft forschte, und, wie sie solche vernahm, den deutschen Ritter mit vieler Begierde zu sehen, und zu sprechen verlangte. Wie er sich näherte, gebot sie allen Entfernung.

Es war ein schöner, großer Mann, er trat stolz einher, und grüßte Mathildens Gefolge, welches ihm begegnete, mit gleichgültiger, nahe an Verachtung gränzender Miene. Mathilde erhob sich von ihrem Size, und zitterte ihm einige Schritte entgegen. Man konnte seine Worte nicht hören, sah aber deutlich, daß er ihr etwas überreichte. Mathilde riß das Paket mit großer Eilfertigkeit auf, und sank in seine Arme.

Mein Sohn, mein theurer, mein geliebter Sohn! rief sie mit Heftigkeit aus, und gleitete langsam aus seinen Armen auf die Erde hinab.

Als die Entfernten sahen, daß der Ritter nicht mächtig sei, sie empor zu heben, eilten sie herbei, und fanden sie todt. Der allzu schnelle, ungewohnte Genuß der seligsten

Freude und Wonne hatte ihren schwachen Lebensfaden zerrissen, sie ging mit der entzükkenden Gewißheit, daß ihr Schmerzens Sohn noch lebe, hinüber zum Ewigen, um dort diese Wonne länger und ungestörter genießen zu können.

Der Ritter sprach nicht, er starrte wild nach der Entseelten hin, Thränen rollten aus seinen großen Augen über sein bleiches Angesicht, und träufelten ungehindert auf den Boden. Alle staunten mit ihm, nur einige wenige beschäftigten sich mit der Leiche, und versuchten fruchtlos einige Rettungsmittel. Mehrere suchten aus der traurigen Begebenheit künftigen Nuzzen zu schöpfen, ergriffen das Paket, welches der unbekannte Ritter überbracht hatte, eilten damit zum Kanzler, und berichteten ihm, was sich zugetragen habe.

Er staunte sehr, als er in diesem, schon von Mathilden eröffneten Pakete nichts als vier Stükke einer zerrissenen Schärpe, kein Schreiben, keine weitern Kleinodien fand. Er berichtete die Ankunft des fremden Ritters, und Mathildens Tod sogleich nach Rom, bat um weitere Verhaltungsbefehle, und erinnerte sich erst nach einigen Stunden, daß seiner guten Fürstin Leichnam noch im Garten am Boden liege.

Er eilte nun selbst dahin, alle hatten die Todte verlassen, nur der Unbekannte kniete neben ihr, küßte ihre kalte Hand, und benezte sie mit seinen Thränen. Der Kanzler forschte nach der Ursache seines Daseyns und seiner Trauer, er lächelte bitter, hinderte es aber nicht, als man die Leiche nach der Burg trug, und dort den Weibern zur Pflege übergab.

Niemand bewillkommte den Sohn dieser Fürstin, niemand wagte es, ihm einen Becher zur Labung zu bieten, und doch war keiner kühn genug, ihm offen zu gestehen, daß man ihn nicht als den künftigen Herrn der Burg erkennen werde.

Erst, als sich Mathildens lezte Worte vom Munde zum Munde verbreiteten, als das Volk vor den Thoren der Burg sich sammelte, und seinen künftigen Herrscher zu sehen verlangte, da sahen alle, die es mit dem Papste hielten, die nahe Gefahr ein, und suchten sie nach Kräften zu vermindern.

Einige traten mit freundlicher Miene zu dem Ritter, welcher tiefdenkend und mit in einander geschlagnen Armen in einem Saale auf und nieder ging. Sie baten ihn schmeichelnd, daß er ihnen nach dem Garten folgen sollte, weil sie ihm Dinge von größter Wichtigkeit zu entdecken hätten; er folgte stillschweigend, und ward nachher in der Burg nicht mehr gesehen.

Der Kanzler eilte indeß unter das versammelte Volk, machte ihnen zwar den Tod der Fürstin kund, bewies ihnen aber auch eben so deutlich, daß die verbreitete Sage ganz falsch sei, Mathilde nie einen Sohn gebahr, ihr ganzes Erbe vielmehr der Kirche heimfalle, welcher die Verstorbne es längst schon auf die gültigste Art vergabet habe. Das Volk glaubte seinen Worten, betrauerte seine Fürstin, seine fehlgeschlagene Hoffnung, und zerstreute sich ohne weitere Untersuchung.

Nur sehr wenige erfuhren erst lange nachher das Schicksal des armen Ritters, ich will es jetzt sogleich erzählen, um die Ordnung der Geschichte nicht zu unterbrechen.

Wie man ihn nach einen entlegnen Theil des Gartens gelokt hatte, drangen Reisige auf ihn ein, und schleppten ihn durch unterirdische Gänge nach einem Thurme, in welchem er zwei Tage lang ohne Speise und Trank schmachtete. Erst nach dieser Zeit erschien ein Wärter, welcher ihn labte, und zur gewöhnlichen Zeit Speise und Trank brachte.

Vergebens forschte er bei diesem nach der Ursache einer so schändlichen, ungastfreien Behandlung, der Wächter beantwortete keine seiner Fragen, und zukte die Achseln, wenn er tobte.

Wie ein Monden verflossen war, klirrten um Mitternacht die Schlösser seines Kerkers, zwölf verlarvte Männer traten mit Fakkeln herein, lös'ten seine Ketten, hüllten ihn in einen weiten Mantel, und zwangen ihn, eine ähnliche Larve vor sein Gesicht zu nehmen. Er ahndete Mord, und bereitete sich zu seinem lezten Gange mit Standhaftigkeit, sie führten ihn über die Vorhöfe der Burg, alle ihre Fenster waren beleuchtet, Jubel und Bechergeklirre tönte laut in seine leisen Seufzer.

Wie sie zum Thore kamen, ward es stillschweigend geöffnet, sie trafen dort Rosse, auf welche sie ihn und sich sezten, im schnellen Laufe derselben bald das Thor der Stadt erreichten.

Der Ritter ward jezt auf einer ungebahnten Straße vorwärts geführt, schon als es mächtig tagte, erreichte er erst mit seinen Führern eine hohe Bergveste, welcher sie sich eilend näherten. Auf ihren Wink sank die Zugbrükke, öffneten sich die Thore, und ein alter Greis kam ihnen entgegen. Dieser ists, sprach einer der Führer.

Dieser sei mir willkommen, ich bürge für mit Leib und Leben, antwortete der Greis, und gebot dem Ritter Folge.

Er führte ihn nun nach einem hohen Thurme, erstieg mit ihm seine enge Treppe bis zur höchsten Spizze, und eröffnete dort ein kleines Gemach, in welches er ihm einzutreten befahl, und die Thüre fest hinter ihm verriegelte.

Der Ritter fand dieses Gemach gegen das vorige sehr bequem; zwei kleine, obgleich vergitterte Fenster erleuchteten es helle, und gewährten ihm eine weite Aussicht in Italiens reizende Gefilde. Er fand darin ein sauberes Lager, nebst andern nöthigen Geräthen, und dankte Gott für die Erhaltung seines Lebens, welches er auf der Reise in jedem Augenblicke zu verliehren fürchtete. Ihm ward hier in der Folge weit bessere Kost und Bedienung, aber auf alle seine Fragen, wie vorher, keine Antwort.

Wie er schon ein Jahr lang diesen Thurm bewohnte, und sich jeden Tag immer mehr überzeugte, daß er zur ewigen Gefangenschaft verurtheilt sei, öffnete sich zur ungewöhnlichen Zeit die Thüre seines Kerkers.

Vier verlarvte Männer geboten ihm abermals Folge, und führten ihn den Thurm herab nach einem Saale der Veste. Sechs Männer, deren Gesicht ebenfalls mit einer

Larve bedekt war, saßen an einer Tafel, hatten Schreibgeräthe vor sich stehen, und schrieben die Fragen und Antworten auf, welche sie an ihn thaten, und er beantworten mußte.

Einer der Verlarvten. Wie nennt ihr euch, Fremdling? Wie euer Vaterland? Bekennt alles frei und aufrichtig. Die geringste Lüge würde euer Schiksal sehr verschlimmern, so wie im Gegentheile offne Wahrheit es verbessern kann.

Der Ritter. Es bedarf euer Mahnung nicht! Wahrheit zu sprechen und zu denken, ist Pflicht, an deren Ausübung mich kein böses Gewissen, keine unedle That hindert.

Einer. So beantwortet unsre Fragen.

Der Ritter. Ich nenne mich Ritter von Elsenburg, ich verdanke diesen Namen meinem und euerm Herrn, dem Kaiser der Deutschen. Er lohnte meine treuen Dienste auf die großmüthigste Art zu Augsburg, wo er mich in der Versammlung seiner Fürsten und Edlen zum Ritter schlug, und mir eine Veste zum Erb und Eigenthum schenkte, die in Schwabens fruchtbaren Gefilden liegt, deren Ertrag ich bisher ungestört genoß.

Einer der Verlarvten. Wer war euer Vater? Wie nannte sich eure Mutter?

Der Ritter. Ihr heischt reine Wahrheit, ich kann diese Fragen nicht mit Gewißheit beantworten. Wollt ihr Muthmaßung hören, so entscheidet.

Einer der Verlarvten. Erzählt alles, wir sind hier euer Bekenntniß zu hören, und werden Wahrheit vom Truge sondern.

Der Ritter. Nehmts, wies euch weise dünkt, ich erzähle, was ich weiß, und hörte.

Wie ich zu denken begann, stand ich unter der Aufsicht und Pflege zweier Dirnen, die mich mit gleich starker Liebe und Zärtlichkeit behandelten, und mir die Wahl schwer machten, welche unter ihnen ich für meine Mutter achten solle. Sie lebten in einer Hütte, welche sie sich als Eigenthum erkauft hatten, man achtete sie allgemein für Wittwen zweier Reisige, die im Dienste des Kaisers ihr Leben verbluteten; sie nährten sich still und redlich, und pflegten mich mit einer

Sorgfalt, die an übertriebne Liebe gränzte. Wenn ich forschte: Wer mein Vater sei? Welcher unter ihnen ich mein Leben zu danken habe? so lächelten sie wehmüthig, und versicherten mich, daß mein Vater ein großer Herr, meine Mutter eine noch größere Frau sei.

Als ich acht Jahre alt war, sezten sie mich auf einen Esel, und zogen mit mir über Helvetiens Alpen, bis an den Comoer See, wo wir einige Monden lang weilten, weil eine meiner Pflegmütter tiefer ins Land zog, und erst nach dieser Zeit rükkehrte. Sie brachte traurige Nachrichten, denn sie weinten beide anhaltend, aus ihrem Gespräche ward mir kund, daß die Rükgekehrte vergebens geharrt habe, diejenige, welche sie zu sprechen verlangte, nicht sprechen konnte, und aus Furcht der Entdekkung endlich wieder weichen mußte. Wir zogen wieder nach unserer Heimath zurük, die tief in Franken, nahe an einem großen Forste lag. Meine Pflegmütter trauerten lange, eine derselben starb bald hernach, und mehrte durch ihren Tod die Trauer der Rükgebliebnen. Ich war indeß zwölf Jahr alt geworden, mein Herz sehnte sich nach Beschäftigung, und fand sie nicht mehr im kindischen Spiele.

Als ich einst im Forste den Vögeln nachstellte, zog ein Haufe Reisige auf der Heerstraße herauf, und lagerte sich nahe bei mir. Ich mischte mich unter sie, liebkoste ihre Rosse, und hatte das Glük, dem Anführer des Haufens zu gefallen, er bot mir Dienste an, und ich zog mit größter Freude in seinem Gefolge nach Thüringen hinab. Er führte mich zum Heere des Kaiser Heinrichs, ich diente Anfangs als Reitbube, und erhielte, wie man mich stark genug achtete, die Waffen, ich führte sie mit Glük und Ehre. Es ist nicht Ruhmsucht, nicht Pralerei, wenn ich euch hier offen bekenne, daß ich immer an der Spizze meines Haufens kämpfte, oft durch meine Tapferkeit den Sieg entschied. Bald ward mein Name im Heere bekannt, bald nannten mich alle den glüklichen, tapfern Bonifaz.

Einer der Verlarvten. Bonifaz? Nennt ihr euch wirklich Bonifaz?

Der Ritter. Bonifaz von Elsenburg, dieß ist mein Name.

Einer der Verlarvten. Erzählt weiter!

Der Ritter. Schon lange ging die Sage im Heere, daß ich dem Herzog Welf, der damals an des Kaisers Seite fochte, äußerst ähnlich sehe. Als ich einst wieder einen kühnen Streich gewagt, und durch glükliche Ausführung die Aufmerksamkeit meiner Obern gereizt hatte, ward ich nach dem Zelte des Kaisers berufen. Der tapfere Herzog Welf stand neben ihm, beide betrachteten mich lange, sprachen lachend und scherzend mit einander. Endlich forschten sie: Wer mein Vater, meine Mutter sei?. Ich nannte mich den Sohn eines armen Reisigen, der im Dienste des Kaisers starb, und wagte es nicht, der unbestätigten Vermuthung zu gedenken, welche meiner Pflegmutter Erzählung von einer höhern Geburt in mir erregt hatte; aber ich gestehe es euch eben so offen, daß inneres Gefühl mein Herz gewaltig engte, mich oft zwingen wollte, zu des Herzogs Füßen zu sinken, und ihn Vater zu nennen. Er und der Kaiser beschenkten mich reichlich, ich ward bald hernach zum Anführer über

Hunderte ernannt, und hatte nun volle Gelegenheit, durch Muth und Tapferkeit, noch mehr zu glänzen.

Wie Heinrich gegen den rebellischen Grafen Robert nach Flandern zog, und bei Cambrai nach einem hartnäkkigen Gefechte sein Heer zerstreute, genoß ich das Glük an Heinrichs Seite zu kämpfen. Ich rettete zweimal sein theures Leben, ich dekte ihn mit meinem Schilde, als das Roß unter ihm sank, und die feindlichen Reiter ihn gefangen fortschleppen wollten. Er entkam auf meinem Rosse, und mein Haufe errang den Sieg, welchen der Feind schon zu genießen hoffte. Damals schwur Heinrich einen theuern Eid, daß er mir die That lohnen wollte. Er hielte redlich Wort, wie wir nach Augsburg kamen, schlug er mich zum Ritter, schenkte mir Wappen, Helm und eine Veste für mich und meine Erben. Ich blieb ihm treu bis an seinen Tod, und zog erst nach meiner Veste, als ich ihn in Lüttich hatte begraben sehen.

Die Ruhe behagte mir auf meiner Veste wakker, noch nie war Liebe in mein Herz gedrungen, jezt wekte sie Wohlleben und Ruhe, ich sah und liebte die edle Jungfrau eines schon verstorbnen Ritters, und nahm sie zum Weibe.

Einer der Verlarvten. (hastig) Ihr seid also beweibt?

Der Ritter. Ich wars! Leider muß ich sagen: Ich wars! Mein gutes, treues Weib starb schon vor Jahresfrist. Lebte sie noch, ich würde sie nicht verlassen, nicht in der Ferne gesucht haben, was ich daheim schon in Fülle besaß und genoß. Nur die

Begierde, meinen Kummer zu lindern, neue Freuden im traurenden Herzen zu wekken, hat mich ins Unglük gestürzt, wahrscheinlich auf immer von meinen Kindern und Freunden getrennt.

Der Verlarvte. So habt ihr auch Kinder?

Der Ritter. Mein Weib gebahr mir einen Sohn und eine Tochter.

Der Verlarvte. Leben sie noch?

Der Ritter. Wie ich auszog, verließ ich beide in den Armen meiner ehemaligen Pflegmutter, die mich seit meiner Flucht von ihr unablässlich suchte, und endlich in unverhofftem Wohlstande auf meiner Veste wiederfand. Sie sah, wie ich über den Verlust meines geliebten Weibes duldete und trauerte, wollte mich wahrscheinlich neuer Freuden empfänglich machen, und entdekte mir die Geheimnisse meiner Geburt.

Ein Verlarvter. So wähnst du wirklich: Du seist ein Sohn der erlauchten Herzogin Mathilde?

Der Ritter. (mit edlem Stolze) Ich wähne es nicht, ich bins überzeugt. Sie selbst nannte mich Sohn, und besiegelte diese Wahrheit mit ihrem Tode. Seid ihr kühn genug, noch stärkere Beweise zu fordern?

Ein Verlarvter. Armer Betrogner! Wahrscheinlich ists dir noch jezt nicht bekannt, daß die unglükliche Fürstin schon einige Jahre lang ein Opfer des Wahnsinns war, jeden Fremdling als ihren Sohn grüßte, und umarmte.

Der Ritter. Hm!

Ein Verlarvter. Ihr antwortet nicht?

Der Ritter. Ist Stillschweigen nicht die billigste Beantwortung eurer Verläumdung?

Der Verlarvte. Thörichter! Womit kannst du deine Geburt beweisen?

Der Ritter. Ich überreichte Mathilden den stärksten Beweis.

Der Verlarvte. (öffnet ein Paket) Sieh diesen Beweis, und verstumme! (er zeigt ihm die zerrißnen Stükke einer Schärpe) Können diese deine Geburt bestätigen?

Der Ritter. Sie gnügten Mathilden.

Der Verlarvte. Der Wahnsinnigen gnügte alles. Du verstummst? Hast du andere Beweise, so liefere sie, und wir werden die ersten seyn, welche dir als unserm Herzog huldigen.

Der Ritter. Ich fordere Freiheit, und entsage willig eurer Huldigung. Ich achte mich zu stolz, über Undankbare zu herrschen, die meine gute Mutter nach Wohlgefallen wahnsinnig machen, und ihren sterbenden Mund Lüge strafen.

Der Verlarvte. Ihr heischet Freiheit, wir sind hier, sie euch zu bieten.

Der Ritter. Wahrscheinlich mit Verlust meiner Ehre, mit Verletzung meines Gewissens. Was kann ich von denjenigen anders erwarten, die ihr Gesicht vor mir verbergen, die sich scheuen, mir offen ins Auge zu blikken?

Der Verlarvte. (reicht ihm eine Pergamentrolle) Du unterzeichnest diese Schrift, und ziehst ungehindert nach Deutschland zurük.

Der Ritter. Ich kann nicht lesen, und will nicht unterzeichnen, was ich nicht verstehe.

Ein Verlarvter. So höre, und entschließe dich dann. (er lieset) "Allen die dieß lesen und lesen hören, meinen Gruß zuvor! Ich, ehemals ein gemeiner Reisiger der Deutschen, und nun durch des Kaisers Gnade Ritter von Elsenburg bekenne hiemit vor jeder männiglich, daß ich durch geheimes

Zureden ermuntert, durch falschen und thörichten Ehrgeiz gereizt, mich verleiten liesse, gen Italien zu ziehen, um eine lügenhafte Sage — —"

Ritter. Les't nicht weiter. Ich unterzeichne nicht!

Der Verlarvte. Deine Kinder harren deiner!

Der Ritter. Laßt sie harren, sie stehen in Gottes Hut und Schuz!

Der Verlarvte. Du wirst sie nie wieder sehen.

Der Ritter. Mein Segen wird sie auch in Deutschland erreichen.

Der Verlarvte. Du zählst noch nicht vierzig Jahre deines Alters, hast wahrscheinlich erst die Hälfte deines Lebens geendet, du mußt unwiderruflich die andre Hälfte desselben im Gefängnisse verschmachten, wenn du deinen Starrsinn nicht änderst.

Der Ritter. Immerhin!

Der Verlarvte. Zu späte Reue wird dein Loos seyn, dich unaufhörlich quälen und martern.

Ritter. Achtet ihr das Bewußtseyn des unverdienten Leidens für keinen Trost? Gott ist allmächtig, in seiner Hand steht mein und euer Schiksal. Verdiene ich Hülfe, so erwarte ich sie von ihm, nicht von euch.

Der Verlarvte. Thor! Verblendeter Thor! Was hoffst du durch deine Hartnäkkigkeit zu gewinnen?

Der Ritter. Ich will meinen Kindern nicht die Ansprüche auf ihr rechtmäßiges Erbtheil rauben, ich bin ihr Vater, ich darf ihre Rechte nicht kränken.

Der Verlarvte. Verblendeter! Womit sollen sies beweisen?

Der Ritter. Das überlasse ich Gott, und seiner weisen Leitung, ich würde dieser widerstreben, wenn ich unterzeichnete.

Ein andrer. (ihm hohnlachend die Stükke der zerrißnen Schärpe zuwerfend) Da nimm dein Herzogthum, und sei Regent der Insekten, welche einst, wenn es neben dir modert, darinne nisten werden.

Der Ritter. (sie in seinen Busen steckend) Ihre Hand hat sie berührt, sie sind mir heilig! Seis auch das einzige Erbtheil meiner Mutter, ich wills ehren, so lange ich lebe.

Ein andrer. Du unterzeichnest also nicht?

Der Ritter. Wie oft soll ich noch mit Nein antworten? Eben die Begierde, mit welcher ihr diese Unterschrift heischet, überzeugt mich deutlich, daß ich sei, was ich zu seyn glaube. Bin ich ein Thor? Bin ich ein Verblendeter? Warum heischt ihr Entsagung eines Rechtes, das ich nicht besitze? Warum kerkert ihr mich so eng ein? Das Geschwäz eines Thoren kann euch nicht schaden, seine Freiheit eure Absicht, die ich mit Gewißheit vorhersehe, nicht hindern. Erkannte Mathilde in ihrem Wahnsinne jeden, der sich ihr nahte, für ihren Sohn, so kann jeder gleich mir handeln. Warum heischt ihr nicht auch Unterschrift und Entsagung von allen diesen?

Ein Verlarvter. Wir sind nicht hier, um mit dir zu rechten, wir fragen dich — —

Ritter. O fragt nicht mehr, ich bin der eintönigen Antwort müde.

Ein Verlarvter. (zum andern) Laßt die Rosse satteln. (Einer geht) Euer Starrsinn verschlimmert euer Schiksal. Ihr kehrt nicht mehr nach euerm Gemache zurük, ihr folgt uns nach einem andern, welches eure hohe Einbildung, euren kühnen Stolz schon mäßigen wird. Wenns euch in eurer neuen Wohnung nicht mehr behagt, so laßts uns wissen, vielleicht findet dann noch Gnade statt. Unsre Unterredung hat geendet, wenn ihr nicht unterzeichnet.

Der Ritter. Sie hat geendet, ich unterzeichne nicht.

Der Ritter ward nun gezwungen, sein Gesicht abermals mit einer Larve zu bedecken, und den Uebrigen nach dem Vorhofe zu folgen. Dort standen wirklich Rosse in Bereitschaft, die er in ihrer Gesellschaft besteigen mußte. Es begann eben zu dämmern, sie zogen die ganze Nacht vorwärts; als es tagte, lag das Meer vor ihrem Blicke, nahe an diesem eine kleine Veste, deren Thurm bis ins Meer reichte. Sie ward den Kommenden geöffnet, und der Ritter nach dem Thurme geführt. Er schauderte, wie er in die dicke Finsterniß hinabsteigen sollte; man fragte: Ob er unterzeichnen wolle? Und er schritt standhaft hinab. Die Thüre schloß sich, des Meeres Wellen schlugen fürchterlich an die Grundveste des Thurms, und betäubten sein Gefühl.

Ich achte es hier für höchst nöthig, die Ursache anzuzeigen: Warum man den armen Ritter aus einem Gefängnisse ins andre schleppte, und nun durch stärkere Mißhandlung seine Entsagung erpressen wollte. Anfangs schmachtete er in Canossas Thürmen, als aber der Kanzler im Namen des Papstes Mathildens Länder in Besiz nahm, vielleicht allzu begierig, allzu treu dem neuen Herrn diente, und die Rechte der Edlen, der Bürger kränkte, da murrte das Volk, und erinnerte sich aufs neue des fremden Ritters, den die sterbende Mathilde Sohn genannt hatte. Man fragte, man forschte nach ihm, des Kanzlers Späher brachten beunruhigende Nachrichten, und dieser ließ ihn ingeheim nach einer Bergveste führen, wo er wahrscheinlich seine künftigen Lebenstage verschmachtet hätte, wenn nicht neue Begebenheiten strengere Maßregeln nothwendig gemacht hätten.

Man sah als gewiß voraus, daß Kaiser Heinrich der fünfte dem Papste Mathildens reiches Erbe, die ansehnliche Vermehrung seiner Macht nicht willig gönnen würde, und sandte Abgeordnete nach Deutschland, die seine Gesinnungen erforschen, ihm aber zugleich bekannt machen sollten, daß man Mathildens Länder mit Fug und Rechte in Besitz genommen, weil sie solche feierlich der Kirche zum wahren Eigenthum vergabt habe.

Heinrich hörte diese Bothschaft mit Mißvergnügen, aber er äußerte es nicht durch

Worte, forderte nur nähere Erklärung, und bewies nur, daß alle diejenigen Länder, welche Mathilde als ein Reichslehn besessen habe, ihm durch ihren Tod anheim gefallen wären, weil sie diese nicht vergaben konnte. Schon war er, gegen Abtretung und Entsagung anderer Rechte, geneigt und willig, den Papst mit diesen Ländern zu belehnen, als ein altes, unbekanntes Weib an seinem Hofe erschien, lange und ingeheim mit dem Kaiser sprach, und ihn vermochte, aller Unterhandlung mit den päpstlichen Gesandten zu entsagen.

Unvermuthete, höchst wichtige Nachrichten, sprach er, wie sie endliche Entscheidung forderten, haben mich bewogen, die Sache bis zu meiner persönlichen Ankunft nach Italien ruhen zu lassen. Dort soll euch Gewißheit werden: Ob ich dem Rechte auf Mathildens

Erbe entsage, oder solches in meinem und eines andern Namen in gerechten Anspruch nehme? Doch will ichs euch nicht bergen, daß ich vor allen Mathildens schriftliche Vergabung zur Einsicht verlange, weil ich nicht glaube, daß sie unbedingt vergabte.

Diese Aeußerung, diese Rüknahme des schon gegebnen Wortes erregte Verdacht in dem Herzen der Gesandten, sie muthmaßten mit Recht, daß der Kaiser das Daseyn eines natürlichen Erben argwohne, und nun ganz gewiß zu seinem Gunsten entscheiden wolle. Die vielen Bothen, welche überdieß nach Baiern zum Herzog Welf, und wiederum insgeheim nach Italien gesandt wurden, mehrten ihren Verdacht, sie achteten ihre Gegenwart, sels auch nur der bessern Spähe wegen, für höchst nöthig, gaben aber ihrem Herrn von allem schleunige Nachricht, und mahnten ihn zur Vorsicht.

Daher kams, daß man nun den Ritter über die Umstände seines Lebens vernahm, ihn zur Unterschrift und Entsagung der Erbschaft verleiten wollte, um sie im nöthigen Falle, und zum Beweise, daß die ganze Sage eine Mähre sei, gebrauchen zu können; aber der edle Starrsinn des Ritters vereitelte diese List, bewog die Verbündeten, ihn ganz aus Mathildens Ländern zu entfernen, und nach Ankona zu führen, weil man nicht vorher sehen konnte: Ob nicht einst der Kaiser die Länder in Anspruch nehmen, und wenn er den gefangenen Ritter dort finden würde, zu seinem Gunsten entscheiden könne?

Höchst nöthig und in keinem Betrachte unnüz war diese Vorsicht. Der Ritter hatte zehn Reisige zu seinen Begleitern, als er nach Italien zog. Als Canossas Thürme vor seinem Angesichte lagen, gebot er ihnen, seiner im Forste zu harren, bis er ihnen Nachricht senden, oder selbst rükkehren würde. Er zog allein nach Canossa, um weniger Aufsehen zu erregen.

Die Reisigen harrten drei Tage lang, endlich schlichen einige derselben nach der Stadt, und erfuhren dort Mathildens Tod, welchen man allgemein der Ankunft eines fremden Ritters zuschrieb, den sie Sohn genannt habe. Sie forschten nach diesem Ritter, und hörten zu ihrem grösten Leidwesen, daß dieser am Hofe verschwunden sei, und aus leicht zu errathender Ursache wohl niemals das Tageslicht wieder sehen werde. Sie harrten noch einige Tage lang, zogen endlich traurend nach Deutschland zurük, und verkündigten der alten Pflegmutter, was sich zugetragen habe, was sie zu Canessa vernommen hatten. Lange trauerte biese im Stillen, hoffte immer noch der Ankunft des Ritters entgegen, als dieser aber nicht erschien, und die anvertrauten Kinder ihren guten Vater weinend von ihr heischten, entschloß sie sich zu einem kühnen Schritte, zog an des Kaisers Hof, forderte geheimes Gehör, erhielte es, und entdekte ihm alles, was sich vorher und jezt zugetragen hatte.

Dem Kaiser wars nicht unbekannt, daß Mathilde einen Sohn gebohren habe, sie selbst hatte es ihm einst vertraut, und ihn wehmüthig ersucht, den Verlohrnen in Deutschland auszukundschaften, aber Herzog Welf, mit dem er bei seiner Rükkehr nach Deutschland darüber sprach, achtete Mathilden noch immer für ein ungetreues Eheweib, bewies ihm, so wie es ihm ehemals bewiesen wurde, daß dieser Sohn ein elender Baßard sei, und minderte durch diesen Beweis die Begierde des Kaisers, der trauernden Mutter ihren Liebling zu suchen, er achtete den Verlust desselben für eine gerechte Strafe Gottes, und wollte dieser nicht vorgreifen. Jezt betrachtete er aber die Sache aus einem ganz andern Gesichtspunkte.

Die Erzählung der alten Pflegmutter bewies deutlich, daß Mathilde keine Ehebrecherin sei, er erinnerte sich noch mit Danke des tapfern Reisigen, den er zu Augsburg zum Ritter schlug, seine auffallende, oft gerügte Aehnlichkeit mit dem Herzog Welf diente ihm jezt zum Beweise, daß er wirklich sein Sohn sei.

Mehr als alles dieses wirkte aber die Hoffnung, daß man unter diesem Vorwande dem Papste den Besiz des großen Erbes weigern könne, welches er ihm deswegen nicht gönnte, weil es seine Macht mehrte, und das kaiserliche Ansehen in Italien noch stärker schwächte. Er versammelte seine Getreusten, heischte und hörte ihren Rath.

Alle waren einstimmig, daß man sogleich die Unterhandlungen mit den päpstlichen Gesandten enden, ihnen nicht alle Hoffnung rauben, aber nichts zu gestehen müsse, um ohne Hinderniß handeln zu können. Mehrere der Räthe fanden es überdieß für nöthig, daß der Kaiser die offne Einsicht in die von Muthilden errichtete Vergabungs-Urkunde fordern solle, weil sie sehr weislich voraussahen, daß die zärtliche Mutter — wenn die Geschichte Wahrheit enthalte — gewiß ihres Sohnes darin würde gedacht haben, und dann diese Urkunde zum Beweise des Ganzen diene. Vor allem ersuchten sie aber den Kaiser, mit dem Herzoge Welf in Unterhandlung zu treten, ihm zu beweisen, wie er hintergangen und betrogen wurde, und ihn dadurch zu bewegen, daß er den Ritter für seinen Sohn erkenne, und seine Rechte vertheidigen helfe. Gelingt euch dieß, sprachen die Getreuen, so wird der Papst nie in Mathildens Ländern herrschen, denn lebt Mathildens Sohn — was wir freilich nur wünschen aber nicht hoffen — noch in Italien, wird sein verborgner Aufenthalt entdekt, so ist er ohnehin der erklärte Erbe seiner Mutter, ist er schon vertilgt aus der Zahl der Lebendigen, so tritt sein Vater, seine hinterlaßnen Kinder in die Rechte desselben, und nehmen das Erbe in Anspruch.

Heinrich befolgte die Meinung seiner Räthe, er sandte Bothen an den Herzog Welf und lud ihn an seinen Hof. Er erschien, war aber äußerst schwer zur Mitwirkung zu bereden. Sein Haß gegen Mathilden hatte in seinem Herzen schon tiefe Wurzel gefaßt, er hatte nie die Freuden eines Vaters gefühlt, und war schon zu alt, um sie jezt fühlen zu können. Doch erkannte er die alte Pflegmutter des Ritters, und erinnerte sich deutlich, daß er sie einst unter Mathildens Dirnen gesehen hatte. Ihre schmuklose, und daher um so wahrscheinliche Erzählung wirkte weit kräftiger auf sein Herz, als alle die großen Vortheile, wodurch man seinen Ehrgeiz zu reizen und zu wekken suchte. Ihm wards nach und nach einleuchtend, daß man ihn hintergangen und betrogen habe, er versprach am Ende mit zu wirken, und seinem Gefühle die Entscheidung zu gönnen, wenn er denjenigen finden würde, welchen man ihm jezt als Sohn aufdringen wolle.

M 2

Heinrich beschloß sogleich einen Zug nach Italien, der dießmal schnell ausgeführt ward, und sich ansehnlich mehrte, weil Herzog Welf ihn unterstützte, und selbst viele tausend Reisige herbei führte.

Als er mit dem Kaiser durch Schwaben zog, wünschte er die Kinder des Ritters zu sehen. Heinrich rechnete auf sichern Gewinn bei diesem Besuche, und erfüllte seinen Wunsch mit größtem Vergnügen. Sie trennten sich von dem Heere, und ritten in der Mitte eines auserlesenen Haufens nach der Veste Elsenburg. Sie langten dort unerkannt an, nur die alte Pflegmutter kannte sie, und gelobte zu schweigen. Früh führte sie die zwei verlaßnen Waisen in sein Gemach. Die Kleinen knieten vor dem Herzoge nieder, küßten schmeichelnd seine Füße, und baten ihn, daß er ihnen ihren guten Vater wieder bringen solle. Der gerührte Herzog hob den Knaben in die Höhe, und drükte ihn an sein Herz. Dich erkenne ich, rief er schluchzend aus, dich hat die Natur kenntlich gezeichnet, gleicht dein Vater dir, so öffne ich ihm meine Arme, nenne ihn Sohn, und führe ihn an die Grabstätte seiner Mutter, um mich mit ihr zu versöhnen. Er weilte zwei Tage lang auf der Veste, und trennte sich hart von den Kindern, die sein Herz gewonnen hatten.

Wie sie weiter zogen, sandte er zweihundert seiner Reisigen nach der Veste, und gebot dem Anführer, die Kinder wohl zu bewachen, mit seinem Leben für das ihrige zu haften. Heinrich billigte diese Vorsicht, weil ihm auf der Veste kund ward, daß seit einiger Zeit häufige Späher am Thore der Veste erschienen, unter mancherlei Vorwand

Einlaß forderten, und die Kinder des Ritters zu sehen wünschten.

Wie Heinrich mit seinem Heere in Mailand anlangte, zogen ihm päpstliche Gesandte entgegen, und forschten nach der Ursache seiner unerwarteten Ankunft. Heinrich beantwortete ihre Fragen mit vielem Stolze, und entließ die Gesandten mit der Versicherung, daß er sie bald wieder in Rom zu sehen hoffe.

Diese Nachricht verbreitete Schrekken unter allen Anhängern des Papsts, keiner erwartete Heinrichs Ankunft, alle entflohen, ehe er anlangte.

Er nahm Mathildens Länder ohne Widerrede, ohne Gegenwehr in Besiz, und ließ allgemein kund machen, daß er sie als ein offnes Reichslehn in Anspruch nehme. Papst Paschal widersprach nicht, und erschien nicht zu Canossa, als ihn der Kaiser dahin vorladen, und zugleich kund machen ließ, daß er bereit sei, das wahre Eigenthum Mathildens von dem Lehne zu sondern, wenn er dagegen seine Rechte auf das erstere beweisen, und die Vergabungs-Urkunde aufzeigen wolle.

Diese seltsame Weigerung vermehrte natürlich Heinrichs Verdacht, und bestätigte die Vermuthung, daß in solcher des Sohnes wirklich gedacht worden wäre. Des alten Welfs Herz ward warm und thätig, er erhielte vom Kaiser die Erlaubniß nach freier Willkühr zu Gunsten seines verlohrnen Sohnes zu handeln, und alles anzuwenden, um seinen Aufenthalt oder sein Schiksal zu entdekken.

Alle seine rastlose Mühe blieb aber unbelohnt, wurde freilich dann und wann durch Vermuthung zu neuen Handlungen belebt, aber nie mit glüklichem Erfolge gekrönt.

Alle, welche nur entfernte Kenntniß von dem Schiksale des Unglüklichen hatten, waren absichtlich entfernt worden, allgemein wurde zwar die Sage bestätigt, daß der unbekannte Ritter an Mathildens Hofe erschienen, aber auch am nehmlichen Tage aus aller Augen verschwunden sei. Einige muthmaßten, daß er in irgend einem Gefängnisse schmachte, und bewogen daher den alten Herzog, alle Kerker des Landes in eigner Person zu untersuchen, aber man fand ihn nicht, und mußte endlich der weitern Nachforschung entsagen. Um den Papst, von welchem man allein nähere Aufklärung hoffen konnte, zu einer Unterredung zu bewegen,

forderte jetzt Heinrich von ihm, daß er die Ex,
kommunikation, welche einige Bischöfe über
ihn ausgesprochen hatten, lösen und heben
solle, aber dieser antwortete, daß er erst
alle Bewegungsgründe der Bischöfe hören
müsse, ehe er sein Begehren erfüllen könne,
und vereitelte dadurch abermals des Kaisers
Absicht.

Der ungeduldige Welf bewog nun den
Kaiser, mit seinem Heere nach Rom zu
ziehen, aber Paschal erwartete seine Ankunft
nicht, und flüchtete nach Benevent. Die
Freude, mit welcher dießmal Roms Bewohner den Kaiser in ihren Mauern aufnahmen,
schwächte die weitere Unternehmung zu
Gunsten des armen Ritters um ein großes.

Heinrich, welcher mehr erhalten hatte,
als er zu gewinnen hoffen konnte, suchte

dieß jetzt nach allen Kräften zu benutzen, und war daher allzu beschäftigt, um das Wohl eines Einzigen mit immer gleicher Sorgfalt zu fördern. Er hatte seinen Zwek, dem Papste Mathildens Erbe zu entreissen, ganz erreicht, und überließ es nun der Zeit, zum Besten des nähern Erben nach Wohlgefallen zu wirken.

Als gewiß erzählt man, daß einst der Herzog, wie er zu Canossa war, nach Mathildens Grabstätte geforscht, und auf dieser in Andacht und Thränen eine Stunde lang verharret habe. Diese Erzählung, welche damals sich allgemein unter dem Volke verbreitete, gewann ihm die Herzen der Meisten, weil sie das Andenken ihrer Fürstin noch eifrig ehrten, und nun fest glaubten, daß er bereue, sie im Leben verkannt zu haben.

Ungeachtet die wankelmüthigen Römer
dem Kaiser noch immer gleich starke Beweise
ihrer Anhänglichkeit und Treue gaben, so
verließ er diese Stadt doch, und ging nach
Turin, wohin ihn nöthige Geschäfte riefen.
Kaum hatte er die Gegend verlassen, so erschien Paschal wieder vor Rom, ward aber
nicht eingelassen, und starb, als er ein Heer
sammelte, um den Stolz der Römer zu demüthigen.

Unter dieser langen Zeit, in welcher alle
diese Begebenheiten sich ereigneten, schmachtete der arme Ritter Elsenburg beständig im
dumpfigen Kerker. Niemand hörte seine
Seufzer, niemand achtete seines Flehens.
Nur einmal ward er wieder vor ein ver-
larvtes Gericht geführt, welches ihn dießmal
weit härter behandelte, und mit Gewalt
zur eidlichen Entsagung aller Ansprüche, die

er auf Mathildens Erbschaft machen könne, zwingen wollte, aber er blieb standhaft, und ward nach dem Kerker zurük geführt, wo er jezt oft hungern mußte, weil man seiner ganz zu vergessen schien.

Die strenge Nachfrage, welche der Kaiser sammt dem Herzog Welf wegen des Ritters gepflogen hatte, die auffallende Mühe, mit welcher der leztere alle Gefängnisse untersuchte, erregte die Aufmerksamkeit der edlen Römer. Man hatte ehemals schon ingeheim von einem Sohne Mathildens gesprochen, jezt ward das Gespräch erneuert, und die Vermuthung gegründet, daß der überall gesuchte Ritter dieser Sohn seyn müsse, man muthmaßte mit Grunde, daß er in die Gewahrsame des Papstes gefallen wäre, und da man aus eifersüchtiger Freiheitsbegierde weder diesem, noch dem Kaiser das reiche Erbe gönnte, beide als gefährliche, und leicht weiter greifende Nachbarn ansah, so ward der Wunsch unter ihnen allgemein, daß der Sohn entdekt, sein Recht erwiesen, und er Mathildens Erbe erhalten möge.

Als einst in einer zahlreichen Versammlung dieser Wunsch wiederholt wurde, und man sich mit Muthmaßungen erschöpfte, erinnerte sich Zentius Frangipani, einer der vornehmsten Römer, wie ihm einst einige seiner Jäger erzählten, sie wären, als kaum der Morgen graute, einem Haufen verlarvter Reiter, die einen Gefangnen in ihrer Mitte führten, begegnet, und hätten wahrgenommen, daß sie ihren Zug nach Antona hinab nahmen.

Damals achtete Zentius diese Erzählung nicht, jezt erneuerte sie sich mit einmal in seinem Gedächtnisse, und mit ihr die nicht unwahrscheinliche Vermuthung, daß der Gefangne wohl eben dieser Ritter seyn könne. Er verschwieg diese Entdekkung allen Anwesenden, beschloß sie allein zu benuzzen, und eilte nach einer seiner Vesten, die nahe bei Ankona lag. Er berufte vor allen die Jäger, sie wiederholten ihre Erzählung, und bestärkten ihn durch einige nicht unwichtige Nebenumstände in seiner Meinung.

Zentius hatte mit seiner Gattin nur drei Töchter erzeugt, zwei derselben waren schon an die Edelsten des Landes verheurathet, nur die jüngste harrte noch in der väterlichen Burg. Zu ihrem Besten entwarf sein Ehrgeiz, der keine Schranken kannte, einen Plan, welcher, wenn er glükken würde, sie zur Gattin von Mathildens Sohn, und ihre Kinder zu Erben aller ihrer Länder machen sollte. Ich befreie den Unglücklichen, gedachte er in seinem Herzen, ich prüfe die Beweise seiner Geburt, und fordere dann zum Lohne für meine That, für meine künftige Hülfe, seine Hand für meine Tochter. Kann, wird er sie weigern? Kann, wird man ihm, wenn ich sein Vertheidiger werde, das rechtmäßige Erbe länger vorenthalten?

Diese schmeichelhaften Fragen, welche sein stolzer Verstand allemal mit dem kräftigsten Nein beantwortete, bestimmten ihn bald zum Entschlusse und zur Ausführung seines Plans. Da zu dieser Zeit Ankonens Bewohner noch ihre Freiheit gegen die päpstlichen Ansprüche hartnäckig vertheidigten, und gleichsam einen kleinen Freistaat bildeten, so schien es dem Zentius ganz unnatürlich, daß der Papst seinen Feinden einen so wichtigen Gefangnen anvertraut habe, er muthmaßte mit größerm

Rechte, daß er in einer kleinen Zitadelle, welche nahe an der Stadt, noch näher am Meere lag, und dem Papste eigenthümlich gehörte, aufbewahrt werde.

Er war überzeugt, daß die Ankoner einen offnen Anfall auf dieser Veste nicht hindern, vielmehr unterstüzzen würden, aber um das Leben des Gefangnen zu schonen, wollte er diesen nicht wagen, sondern sich durch List einen sichern Eingang bahnen. Schon am andern Tage ward er belehrt, daß zwar nur hundert, nicht allzu streitbegierige Reisige die Veste vertheidigten, aber auch allen und jeden, welche sich der Veste nahten, auf ausdrüklichen Befehl ihres Herrn den Eintritt hartnäkkig verweigerten.

Um sich selbst davon zu überzeugen, zog er mit einem Gefolge von funfzig Reitern an

Gestade des Meers hinab, und foderte im Namen des Papsts den Einlaß. Der Vogt erschien, und grüßte von der Mauer herab den edlen Zentius, versicherte ihm aber, daß er ihm das Thor nicht öffnen könne, wenn er nicht zuvor das Zeichen seiner Sendung darweisen werde. Zentius vermochte dieß nicht, und muste zähnknirschend abziehen.

Wie er einige Tage nachher die Schwäche der Veste bespähte, um solche bei nächtlicher Zeit zu übersteigen, und eben wenig befriedigt rükkehrte, begegneten ihm zehn Reiter, welche gen Ankona hinabzogen. Ihre Helme und Schilde bewiesen, daß sie im päpstlichen Solde standen, er umgab sie mit seinen dreimal stärkern Begleitern, und forschte nach der Absicht ihres Zugs. Die Erschroknen gestanden willig, daß der Kardinal Johann Kajetan sie gesandt habe, dem Vogte der

Zitadelle die Nachricht zu bringen, daß der Papst Paschal gestorben und er zu seinem Nachfolger erwählt sei. Sie fügten ohne Zwang hinzu, wie sie nebenbei den ernsten Auftrag hätten, die Besatzung in der Treue gegen die Kirche zu stärken, und sie kräftiglich zu versichern, daß der neue Papst sie herrlich belohnen werde.

Zentius war listig genug, sich zu stellen, als ob er ihrem Vorgeben keinen Glauben beimesse. Ich bin, sprach er, ein Freund des Kardinals Johann. Was ihr zu thun vorschützet, habe ich in seinem Namen schon vollzogen, und wundere mich daher sehr, daß er noch mehrere mit diesem Auftrage hieher sendet. Mein ist die Pflicht, Wahrheit vom Truge zu sondern, ich werde euch frei und ungehindert ziehen lassen, wenn ihr den Beweis eurer Sendung, ohne welchen die Thore

der Weste sich nicht öffnen, wie dargezeigt, ist
er unächt, so darfs euch nicht verdrießen,
wenn ich euch bis zur nöthigen Aufklärung
einen Plaz in meiner Weste anweise.

Da der Anführer des Häufleins dieß hörte,
so zog er hastig einen großen, vergoldeten
Schlüssel aus seinem Busen, und reichte ihm
den Zentius mit der Versicherung dar, daß
er solchen zum Beweise seiner Sendung aus
der Hand des Kardinals empfangen habe. Zentius empfing ihn mit heimlicher Freude.

Der Beweis, sprach er, scheint richtig;
ob er es aber wirklich sei, muß ich vorher
genauer prüfen. Auf seinen Wink wurden
die Betrognen sogleich entwaffnet, und sahen
zu spät ein, daß ihre Offenherzigkeit die Ursache ihres Fälles sei. Sie folgten trauernd
nach der Weste des Zentius, und zagten

mächtig, als er sie nach einem dunkeln Kerker zu führen befahl.

Der Anführer sonderte sich von den übrigen, und verlangte geheimes Gehör, Zentius gewährte ihm solches.

Ich sehe voraus, sprach er, daß du Absichten auf die Veste hast, den Vogt täuschen, und sie durch List erobern willst. Dein Unternehmen, so leicht und sicher es dir scheint, wird nicht gelingen, wenn du nicht die Worte kennst, welche du bei Ueberreichung des Schlüssels aussprechen mußt.

Mein harrt daheim ein treues, liebes Weib mit zwei kleinen Kindern, Trennung von ihr wird mich tödten, ich will dir alles entdecken, auf immer in deinem Dienste treu und ergeben verharren, wenn du mir dagegen Freiheit und Leben gelobſt, es nicht hindern willſt, wenn ich mein Weib ſammt ihren Kindern zu mir berufe.

Zentius. Ich gelobe die Freiheit, Leben, und reichlichen Lohn all dein Lebelang, ich will dein Weib ſchützen vor jeder Gefahr, und der Vater deiner Kinder werden, wenn du Treue mir ſchwörſt, und dein Gedächtniß zum offnen Bekenntniſſe aller Geheimniſſe zwingſt.

Der Anführer. Ich ſchwöre die Treue, urtheile aus meiner Erzählung: Ob ich die Pflicht derſelben redlich erfülle. In der Zitadelle ruht ein Schaz, deſſen Gegenwart du vielleicht ahndeſt.

Zentius. Ich ahnde ihn. Schmachtet nicht Mathildens Sohn im Thurme derſelben?

Der Anführer. Dieser Schlüssel öffnet die Thüre seines Kerkers. Wenn du ihm dem Vogte darzeigst, so wird er ihn von dir fordern, verweigere ihn nicht, und hänge ihn an die Schnure, welche er von der Mauer herabläßt. Er wird ihn genau prüfen, und dann fragen: Was er mit diesem Schlüssel beginnen soll? Im engen Zirkel, antwortest du dann, dreimal umgedreht, öffnet er den Beweis deiner Treue, und giebt mir das Recht, deine hoch beeidete Pflicht zu prüfen. Nach dieser Antwort wird er nicht säumen, die Thor und Zugbrücke zu öffnen. Sei dann vorsichtig, und besezze mit den tapfersten deines Haufens die Thüre, welche zum Thurme führt, denn ich will dirs nicht bergen, daß der Vogt den gemeßnen Befehl hat, das Leben des Gefangnen zu enden, wenn er List oder Verrath ahndet. Er ist einer der Treusten, und wird willig sein Leben opfern, wenn er nur seinen Eid erfüllen kann. Um ihn sicher zu machen, um seinen stets regen Argwohn zu hindern, rathe ich dir, ihm vorher kund zu machen, daß der Papst todt sei, und sein Nachfolger, dessen inniger Freund du von jeher warst, dir den Schlüssel anvertraut habe. Denn ich war schon mehrmal mit Aufträgen auf der Veste, und erinnere mich deutlich, daß er deine nahe Nachbarschaft fürchte, und deiner List und Macht nicht traue.

Zentius erwog nun die Rathschläge des Anführers, und gestand ihm offen, daß er vor einigen Tagen schon Einlaß gefordert, und dadurch allerdings den Vogt zu stärkerm Argwohne verleitet habe. Dann antwortete der Anführer, gelingt dein Unternehmen nicht, wenn du mir nicht die Leitung desselben vertraust. Mein Leben steht in deiner

Hand, ich verpfände es dir, wenn ich unredlich handle. Ich will das Angesicht meines Weibes nicht wieder sehen, wenn nicht alles glücklich endet. Höre meinen Anschlag, und erwäge ihn nach Wohlgefallen.

Du sammelst zweihundert deiner Reisigen um dich her, wenns dämmert, ziehen wir morgen nach der Zitadelle hinab, ich stehe an der Spitze deines Haufens. Der Vogt kennt meine Stimme, ich werde ihm den Schlüssel reichen, und sogleich kund machen, daß der Papst gestorben sei, Kardinal Johann mich mit hundert Reitern sende, damit sie bei so gefahrvoller Zeit die Veste mit Nachdruk bewachen, jeder Gewalt widerstehen können. Die Schlinge ist dann künstlich gelegt, und ich wette meinen Kopf, er entgeht ihr nicht.

Zentius. Wenn du aber meineidig handelst?

Der Anführer. Dann ist der Tod mein Loos. Um ewigem Gefängnisse zu entgehen, ward ich der Verräther meines Herrn, werde ich Tod dafür wählen, da sichere Belohnung meiner harrt? Ich stehe unbewaffnet, deine Hand kann den Dolch bereit halten, der mich treffen soll, wenn ich wanke, wenn ich anders spreche. Sorge nicht, ich diente funfzehn Jahre lang mit seltner Treue, ward mit den wichtigsten Aufträgen beehrt, erfüllte sie redlich, erndete die schönsten Verheißungen, aber nie eine thätige Belohnung. Ich bin der schönen Worte müde, und will einmal versuchen: Ob mich ein anderer nicht besser lohnt?

Zentius versprach ihm Lohn in Fülle, wenn er redlich handeln würde, und sandte sogleich einige Bothen nach seinem Weibe und Kindern, weil der liebende Gatte mit Recht Gefahr besorgte, wenn die Nachricht seiner Untreue eher, als sie ausgezogen wären, zu Rom kund würde. Die Bothschaft, welche er in seiner Gegenwart den Abgesandten auftrug, überzeugte den Zentius ganz, daß ers redlich meine, weil er Weib und Kinder sonst mit ins Unglük gezogen, sie muthwillig der Rache des Betrognen geopfert hätte. Er freute sich herzlich, als er seine Vermuthung mit einmal bestätigt sah, und nun sichere Hoffnung hatte, den Gefangnen auf die leichteste Art zu retten. Der päpstliche Anführer ward nicht mehr nach den Thurm geführt, man bewachte ihn in einem bessern Gemache, weil er zum Beweis seiner Treue ausdrüklich Wächter heischte, und pflegte ihn wohl, bis alles zur Ausführung des entworfnen Planes bereit war.

Am andern Tage, als der Abend sich
näherte, zog Zentius in seiner Gesellschaft nach
Ankona hinab. Er selbst, und einige der
Vordersten des Zuges trugen Schild und
Helm der gefangnen Reisigen, um damit
das Auge des wachtsamen Vogts zu blenden. Da der Zug mit offnem Gerdusche ein-
herzog, so trafen sie den Vogt sammt seinen
Reisigen schon auf den Mauern.

Kommt ihr in friedlicher Absicht, rief er
ihnen entgegen, so seid mir willkommen!
Führt ihr aber Arges im Sinne, so seht ihr
mich bereit, es nach Kräften zu vergelten.

Der Anführer. (welchen der
verkleidete Zentius, mit seinen
Getreusten umgab) Wir kommen in
Frieden, und bringen dir wichtige Bothschaft.

Der Vogt. Ach, ehrlicher Guido! bist dus? Ich würde dir ohne Beweis das Thor öffnen, wenn mich nicht die Größe deines Gefolgs schrekte.

Der Anführer. Wohl gesprochen! Vorsicht kann nie schaden: Laß die Schnure herab, damit ich dir den Beweis reiche. (indem einige Reisige eine Schnure herablassen) Unser Herr und Papst Paschal wandelt nicht mehr unter den Lebendigen. Kardinal Johann Kajetan, der seinen Thron besteigen wird, entbietet dir seinen Gruß, und läßt dir durch mich melden, daß er gegründete Hoffnung habe, du werdest ihm mit gleicher Treue dienen, das anvertraute Pfand wohl bewahren, und künftig niemanden als denen, die er sendet, das Thor öffnen.

Vogt. Ich schwur treu zu seyn der Kirche, und werde demjenigen, welchen sie zu ihrem Oberhaupte wählt, mit unveränderter Treue dienen.

Der Anführer. Halte diesen Vorsaz fest, erfülle ihn all dein Lebelang, und dir wird hier und dort Lohn werden!

Zentius. (heimlich) Zu was der vielen unnüzzen Worte?

Der Anführer. (ebenfalls heimlich) Sie sind nöthig, um den Listigen zu kirren. Siehst du nicht, wie er zwischen Argwohn und Glauben wanket? (laut) Nun? hast du den Schlüssel?

Der Vogt. Ich habe ihn und erwarte die Losung.

Der Anführer. Sie soll dir werden. Merke wohl auf, damit dein Ohr jedes meiner Worte fasse, und dein Gedächtniß sie fest aufbewahre. (mit lauter, schneller Stimme) Verräther lauern vor und hinter mir! Oeffne das Thor nicht, sonst bist du verlohren!

Zentius. (seinen Dolch zuckend) Tollkühner! Was beginnst du?

Der Anführer. Ich erfülle meine Pflicht, und sterbe nun vergnügt! (laut rufend) Redlicher Freund! Treuer Diener deines Herrn, sei auf deiner Hut, sie zwangen mich — — —

Zentius. (will ich ihn niederstoßen) Stirb, ehe du vollendest!

Der Anführer. Nur dir noch ein Wort, dann vollende nach Wohlgefallen! Du sandtest gestern schon einige deiner getreusten Reisigen, um mein Weib und meine Kinder in Rom abzuholen; ich habe kein Weib, keine Kinder, aber das Wahrzeichen, welches ich ihnen mitgab, wird meine Freunde überzeugen, daß ich im Gefängnisse schmachte, sie werden deine Getreuen fesseln. Wähle nun: Ihr Leben für mein Leben, ihre Freiheit für meine Freiheit!

Zentius. Ach heil meiner Vorsicht, die dein Verbrechen vernichtet. Von meiner Veste bis nach Rom harrt in der Entfernung einer jeden Stunde ein Eilbothe von mir. Ehe die Abgesandten Rom erreichen, erhalten sie schon durch diese das Gebot der Rückkehr. Deine höllische List mißlang! Vernimms, und fahr zur Hölle. (er stößt ihm den Dolch in die Brust)

Der Anführer. (sterbend) Gen Himmel! Gen Himmel! Er ward mir zum Lohne meiner Treue verheißen!

Der Vogt. (herabrufend) Und wird dir sicher werden! Deine edle That kann nicht unbelohnt bleiben.

Zentius. (wüthend) Schweig, und bereite dich zu gleichem Ende, wenn du mir nicht das Thor öffnest, nicht deinen Gefangnen auslieferst. Dieser Haufe wird nicht weichen, wird mit jedem Tage sich mehren, bis deine Hartnäkkigkeit besiegt ist.

Vogt. Ich denke gleich dem Edlen, der zu deinen Füßen blutet, deine Drohung kann mich also nicht schrekken. Handle nach Gutdünken, aber wisse, daß mir ernster Auftrag ward, den Gefangnen zu tödten, wenn es irgend ein Kühner wagen sollte, ihn mit Gewalt retten zu wollen.

Zentius. Weh dir, wenn du Hand an ihn legst! Weh dir, wenn du ihn mordest, dann harren deiner die schreklichsten Martern, dann wirst du tagelang die Qualen des Todes fühlen, hundertmal sterben, und eben so oft zu neuer Qual erwachen! —

Vogt. Endet, edler Herr, endet, ihr verschwendet Wort und Zeit vergebens. Ich wanke nicht, wiederhole es noch ein, aber auch zum leztenmale, daß meine Hand ihn mordet, wenn ihr Gewalt und Rettung wagt. Des treuen Guidos Ende ist von nun an meine Richtschnur, ich werde mich glüklich dünken, wenn ihr mir Gelegenheit gönnt, seine schöne That nachahmen zu können. Stürmt, wenns euch beliebt, die Veste, ich gehe zum

Gefängnisse des Ritters, und vollende, wenn mein Ohr den ersten Klang des gezükten Schwerdes vernimmt.

Zentius. Alter Thor, höre mich einen Augenblik! Noch schmachten in meinem Verliese zehn Getreue deines Herrn, sie bluten, ehe die Sonne aufgeht, wenn du nicht widerrufst, sie sind frei, wenn du mir deinen Gefangnen dagegen bietest.

Der Vogt. Der Himmel ward ihnen zum Lohn ihrer Treue versprochen, ich beneide sie, daß sie diesen herrlichen Lohn so früh, so schnell ernden können. Ich hoffe sie dort wieder zu finden, und erwarte dann ihren Dank für meine Standhaftigkeit.

Er verließ die Mauern, seine Reisigen folgten, es schien, als ob er die Veste nicht vertheidigen, nur den Gefangnen werden wolle, wenn Zentius einen Sturm wage. Da aber eben dadurch seine glänzende Aussicht, sein ganzer Plan vernichtet ward, so entschloß er sich zum Rückzuge. Die kühne Hoffnung, daß er einst glüklicher siegen würde, dämpfte die Wuth, welche in seinem Herzen tobte, er traf noch in dieser Nacht die sichersten Anstalten, damit die Beute ihm wenigstens nicht ganz entrissen werden könne, und verlegte mit seinen Reisigen alle Straßen, um jede mögliche Entführung und Flucht zu hindern. Am Ufer einer kleinen Insel, die dem Thurme gegen über lag, standen so gar bewaffnete Boote bereit, welche jede Flucht vereitelt hätten; aber der kluge Vogt ahndete wahrscheinlich die Falle, und floh nicht von dannen.

Als Zentius allgemach an einem glüklichen Erfolge verzweifelte, ward ihm aus Rom die unangenehme Nachricht, daß Kardinal Johann wirklich den päpstlichen Thron bestiegen, und den Namen Gelasius der Zweite angenommen habe. Seine Aussicht ward dadurch um ein großes verfinstert, aber eben Dieses mehrte seinen Muth, trieb ihn bis zur Tollkühnheit.

Er sammelte in schneller Eile gegen tausend Reiter, verpflichtete sie durch schweren Eid zur unverbrüchlichen Treue, versprach ihnen die herrlichste Belohnung, wenn sie jedes seiner Gebote erfüllen würden, und zog mit ihnen nach Rom.

Alle staunten, als sie das mächtige Gefolge des Zentius erblickten, aber hoch mehrte sich auch aller Verwunderung, wie sie aus seinem Munde vernahmen, daß er gekommen sei, dem neuen Papste seine Dienste anzubieten, sein Ansehen durch seine Macht zu vermehren. Alle Freunde deſſelben jubelten, und Papſt Gelaſius bewillkommte ihn mit offnen Armen an der Thüre des Pallaſtes, in welchem er ſich mit ſeinen Kardinälen eben nöthiger Geſchäfte wegen berathſchlagte. Furcht und Schrekken erfüllte aber bald die ganze Verſammlung, verbreitete ſich nach und nach durch alle Straßen Roms, als Zentius den neuen Papſt mit ſtarker Hand ergriff, ihn in die Arme ſeiner Begleiter warf, und im Angeſichte des großen, bevölkerten Roms glüklich und ungehindert aus ſeinen Mauern entführte. Der Streich war zu kühn, die That zu unerwartet, alle die es ſahen, trauten ihrem Auge nicht, und ſtanden in unthätiger Erſtarrung. Ehe man ſich überzeugte, die Möglichkeit faßte, die Folgen erwog, Anſtalten zur Rettung traf, war Zentius mit dem Gefangnen ſchon auf ſeiner Veſte angelangt.

Wie das erstaunte Rom hinter seinem Rükken lag, trennte er sich von seinem Haufen, gebot ihm langsamen Nachzug, und zog mit zwanzig seiner Getreusten, die den Papst in ihrer Mitte führten, in flüchtiger Eile voraus. Schon hatte er sich auf diesen Zug vorbereitet, in einer Entfernung von einigen Meilen harrten immer frische Rosse, dadurch vereitelte er auch die schnellste Nachfolge, und gewann wenigstens einige Tage Zeit. Mehr bedurfte er nicht, um die Absicht glüklich zu vollenden, welche ihn zu dieser That verleitet hatte.

Um Mitternacht erreichte er seine Veste, und entbot den zagenden Gefangnen nach seinem Gemache. Du kannst, sprach er, morgen schon wieder frei seyn, ungehindert nach Rom ziehen, und dort in Ruhe regieren, wenn du die Lösung bewilligst, welche ich von dir fordere.

Gelasius. Ich bin in deinen Händen, dir geziemts, sie zu bestimmen.

Zentius. In der Zitadelle, die nahe an Antonens Mauern liegt, schmachtet ein unschuldiger Gefangner, wenn du ihm Freiheit gewährst, so soll sie dir auch werden.

Gelasius. (seufzend) Ich gewähre sie.

Zentius. Die Margräfin Mathilde vergabte alle ihre Güter der Kirche, wenn du mir die Urkunde dieser Vergabung überreichst, so kannst du ungehindert nach Rom zurückkehren.

Gelasius. Wie vermag ich das? Sie liegt im Archive der Engelsburg verwahrt.

Zentius. Sezze dich, schreib und fordere sie. Mein sei dann die Sorge, dein Schreiben so schnell als möglich nach Rom zu fördern, doch rathe ich dir, sie bestimmt zu heischen, und jede Weigerung im Voraus zu entfernen, denn nur sie rettet dein Leben, giebt dir deine Freiheit wieder. Ich verlasse dich, und kehre zurük, wenn ich das Schreiben fertig wähne.

Zentius ging, und Gelasius schrieb, weil er des erstern Entschlossenheit kannte, für sein Leben zagte, und für dieses ein noch weit größeres Lösegeld geboten hätte.

Ich bin mit dir zufrieden, sprach Zentius lächelnd, als er das Blatt gelesen hatte. Ich hoffe deine Ueberredungskraft soll Eile bewirken. Jezt ruhe, morgen mit dem Frühsten komme ich, dich zu wekken, um mit dir den gefangnen Ritter zu befreien.

Wie die Sonne aus dem Meere empor-
stieg, mußte Gelasius auch wirklich mit ihm
nach Ankona ziehen. Er hatte in der Nacht
neue Reisige gesammelt, mehr als dreihundert begleiteten ihn, um jede Unternehmung
des kühnen Vogts zu vereiteln. Ich überlasse
es dir ganz, sprach Zentlus zum Papste, wie
du den Gefangnen in meine Hände liefern
willst, ich werde nicht mit wirken, dich nur
bewachen.

Als sie an der Veste anlangten, forderte
der Vogt ihren Namen, und blikte verwun-
derungsvoll herab, als er die Stimme des
Papsts Gelasius hörte.

Ich weiß, sprach er, daß ihr mein Gebieter
und Herr seid, mir ward die Nachricht, daß
ihr den Thron der Glaubigen bestiegen habt,
ich muß, wenn ihrs noch einmal fordert, euch

die Thore öffnen, aber ich erstaune, euch in der Gesellschaft eines Zentius zu erblikken, und ahnde schrekliche Dinge.

Gelasius. Du ahndest sie mit Recht. Ich bin sein Gefangner, du und deine wenigen können, sollen mich nicht retten. Ich will das Blut meiner Getreuen schonen, da ich auf andre Art meine Freiheit erkaufen kann. Liefere den Gefangnen, welchen du bisher bewachtest, in die Hände des Zentius, und ich bin wieder frei.

Der Vogt. Mein altes Auge kann triegen, harrt noch ein wenig, bis ich wiederkehre. Meine Treue gegen euch gebietet mir diese Vorsicht.

Er stieg von der Mauer hinab, und kehrte bald in der Mitte einiger Reisigen wieder.

Euer Auge, sprach er, sieht hell und klar. Erkennt ihr denjenigen, welcher an der Spitze des Zuges hält, für euern jeßigen Herrn? Könnt ihr beeiden, daß ers sei, daß kein listiger Trug unterwaltet?

Die Reisigen. (einstimmig) Wir erkennen in ihm den ehemaligen Kardinal Johann, und beeiden, daß ers sei!

Der Vogt. Nun vollziehe ich, was ihr gebotet, mit der gewissen Ueberzeugung, daß ich meine Pflicht nach Kräften erfüllte. (will gehen)

Zentius. Harre noch ein wenig! Wir kennen einander längere Zeit, und wissen aus Erfahrung, daß jeder den andern zu überlisten sucht. Wage keinen Ausfall, denn er gelingt dir nicht. Sieh vorher zu, wie ich mich zum möglichen Empfange bereite. (er stellt den gefangnen Gelasius hinter seinem Haufen) Erst mußt du diese überwinden, ehe du jenen befreist. Erscheine mit wenigen, erscheine unbewaffnet, wenn du den Gefangnen auslieferst, sonst sezzest du das Leben deines Herrn in Gefahr.

Vogt. Ich werde thun, was er gebietet. (zum Gelasius.) Herr und Vater gebietest du, daß ich unbewaffnet erscheine, den Gefangnen, ohne euch dagegen zur Lösung zu fordern, unbedingt überantworte?

Gelasius. Ich gebiete es, und ziehe unter dem Schuzze des Zentius zurük. Noch habe ich eine Bedingung zu erfüllen, ehe ich nach Rom rükkehren kann.

Der Vogt. Traut seinen glatten Worten nicht zu viel, macht nicht, daß ich meine Bereitwilligkeit am Ende verwünsche.

Gelasius. Ich traue seinem Worte, und hoffe mit Zuversicht, daß er es redlich erfüllen wird.

Zentius. (gerührt) Hier in Gegenwart meiner und eurer Getreuen wiederhole ich mein Gelübde: Ihr seid frei, wenn ihr erfüllt, was ihr gelobtet!

Der Vogt. Gott hörte dieß Gelübde, und wird den Meineid jenseits rächen!

Er stieg hinab, die Zugbrükke sank, das Thor öffnete sich, und bald nachher erschien der gefangne Ritter in der Mitte einiger unbewaffneten Reisigen, die ihn unterstüzten. Er wankte langsam einher, das Licht des heitern Morgens blendete sein mattes Auge, er wähnte dem Tode entgegen zu gehen, und schauderte zurük, als rings umher Waffen glänzten. Frei? Frei? fragte er stammelnd, als Zentius sich ihm mit freundlichem Blikke nahte, und wonnevoll zu jauchzte: Du bist frei, ich war dein Retter! Er wollte danken, aber Zentius ergriff seine Hand, und führte ihn nach einem bereit stehenden Rosse. Deinen Dank will ich, sprach er, erst dann hören, wenn wir in vollkommner Sicherheit sind. Ermanne dich jezt, und folge deinem Retter!

Der Ritter bestieg das Roß mit großer Eile, aber er wäre wieder herabgesunken, wenn Zentius ihn nicht unterstüzt hätte. Der Zug ging vorwärts. Voran zog Zentius mit dem Erlösten, hinter ihm folgte ein getheilter Haufe mit dem gefangnen Gelasius.

Ritter Elsenburg sprach wenig, und dieß wenige enthielt nur einzelne Ausrufungen! Er starrte immer umher, grüßte jeden Baum, jede Blume mit Thränen, und dankte dann wieder Gott, für seine wunderbare Rettung. Zentius störte seine Empfindung nicht, und genoß die Früchte seiner That.

Wie sich der Zug seiner Veste näherte, ward Elsenburg wieder still und traurig. Zentius errieth seine Gedanken. Sei munter und fröhlich, sprach er zu ihm; deiner harrt hier kein Kerker, sondern Freiheit und Wohlleben. Dein Freund, der dich rettete, reicht dir seine Hand zum Willkomme, und würde sich innig freuen, wenns dir auf seiner Veste behagt. Elsenburg drükte sie an seine Brust, und nezte sie mit Thränen des Dankes.

Verzeiht, stammelte er, wenn ich nicht Worte finde, meine Empfindung auszudrük-

ken, ich gleiche einem Kinde, das erst die Sprache des Menschen lernen muß. — —
Zentius umarmte ihn, und führte ihn nach dem schönsten Gemache seiner Veste. Ruht aus, sprach er, ich will Diener für euch ordnen! Wählt unter den Kleidern, die hier liegen, denkt, daß ihr im Hause des Vaters wohnt.

Er eilte nun hinab, um den nachfolgenden Papst zu bewillkommen. Er sprach ehrfurchtsvoll mit ihm, behandelte ihn nicht gleich einem Gefangnen, und wies auch ihm Gemächer zu seiner Wohnung an.

Es hängt, sprach er lächelnd, nun ganz von der Eilfertigkeit eurer Freunde ab, wenn und wie bald ihr Rom wieder sehen könnt. So bald ihr mir die geforderte Urkunde einhändigt, werden meine Reisigen euch sicher dahin begleiten. Doch habe ich der Bedingungen noch einige zu machen, und hoffe von eurer Güte, daß ihr sie mir willig gewähren werdet.

Gelasius. Du gelobtest mir Freiheit und Leben, wenn ich die Fesseln des Gefangenen lösen, dir die Urkunde überreichen würde. Es ist nicht edel gehandelt, wenn du nunmehr forderst, die Erfüllung deines Gelübdes dadurch wahrscheinlich verzögerst.

Zentius. Hört, ehe ihr urtheilet.

Gelasius. Ehe ich höre, sei auch mir eine Frage erlaubt.

Zentius. Ich bin bereit, sie zu beantworten.

Gelasius. Was willst du mit der Urkunde beginnen? Sie wahrscheinlich vernichten, um ungehindert im Namen des Erlösten Mathildens Erbe anzusprechen, und den Kaiser zu vermögen, daß er ihn damit belehne? Ich will redlicher handeln, als du erwarten kannst. Noch leben die Zeugen, welche die Urkunde unterfertigten, mit ihrer Hülfe kann eine neue, eben so gültige errichtet werden.

Zentius. Der aber doch Mathildens Unterschrift mangelt.

Gelasius. Wird diese ihr Eid nicht ersetzen?

Zentius. Sorgt nicht, ich will die Urkunde nur lesen, nur eine Abschrift davon nehmen, deren Gültigkeit ihr mit eurem Namen und Siegelring bestätigen müßt, und dann sollt ihr die Urschrift zum selbstgefälligen Gebrauche zurük erhalten.

Gelasius. Dann begreife ich deine Absicht nicht.

Zentius. Möglich, daß ich mich irre, die Folge wirds entscheiden. Kennt ihr den ganzen Inhalt der Urkunde?

Gelasius. Ich las sie nie, mir ward sie nur nach dem Tode meines Vorfahren zur Verwahrung übergeben.

Zentius. Dann könnt ihr freilich meine Absicht nicht beurtheilen. Harrt also, bis ihr besser entscheiden könnt, und vernehmt meine weitern Bedingungen.

Um den unschuldigen Gefangnen zu retten, wagte ich eine der kühnsten Thaten, die mir Leben und Gut hätte rauben können, wenn sie mißlungen wäre, jezt muß ich die möglichen schädlichen Folgen derselben verhüten. Nehmts also nicht für ungut, wenn ich, ehe ihr von hinnen scheidet, theuern Eid und Schwur von euch heische, daß ihr die abgedrungne That nicht ahnden, mich deshalb nicht befehden, weder unter diesem, noch einem erdichteten Vorwande ächten, oder mit Banne belegen wollt.

Gelasius. Sind das all eure Bedingungen, werden diesen nicht noch mehrere folgen?

Zentius. Keine, wenn ihr diese bewilligt.

Gelasius. Ich trachte nicht nach Reichthümern der Welt, nicht nach vergänglicher, eitler Größe, ich weigerte mich der Hirte einer zerstreuten und verirrten Heerde zu werden, nur die Hoffnung, daß ich sie mit Güte und Sanftmuth sammeln, einst in Ruhe und Friede weiden könne, bewog mich am Ende, den Hirtenstab anzunehmen. Urtheile nun selbst: Ob ich zur Fehde, zur Strenge geneigt sei? Ich vergebe dir alles, ich schwöre dir bei Gott, daß ich deine That nicht ahnden, nicht rächen will.

Zentius. Dann reut es mich wahrer, daß ich mir nicht noch eine Bedingung vorenthielt.

Gelasius. Und diese wäre?

Zentius. Der herzliche, aufrichtige Wunsch, daß derjenige, der so schön und wohlthätig denkt, in Zukunft mein Freund seyn und bleiben möge.

Gelasius. Du hast mich tief beleidigt, innig gekränkt, aber ich bin der unwürdige Statthalter des barmherzigsten, des gütigsten Gottes, ich will mich mühen seinem Beyspiele zu folgen. Ich schwur, deine That nicht zu rächen, ich gelobe sie jetzt, auch zu vergeben, zu vergessen, und dein Freund zu seyn.

Zentius. Nehmt meinen warmen Dank, und die kräftige Versicherung, daß ihr keinen Unwürdigen verpflichtet.

Gelasius. Als Freund muß ich mich nun näher erklären. Nie habe ich die Art gebilligt, mit welcher man die Kirche durch Mathildens reiche Erbschaft zu bereichern suchte, vernichten würde ich selbst die Vergabung, wenn man mich überzeugt hätte, daß ein Sohn nähern Anspruch darauf machen könne. Mein Reich ist nicht von dieser Erde, sagt der Stifter unsrer Religion, ich werde seine Lehre befolgen, und es nie hindern, wenn du die Rechte des Sohns vertheidigst. Dieß sei deine Richtschnur, wenn du ferner handelst, denn Fehde wird zwischen uns nie mehr beginnen.

Zentius. Wenn ihr Reue in meinem Herzen über die zu rasche That wekken, mich beschämen wollt, so erreicht ihr euern Endzwek vollkommen. Warum lernte ich euch nicht früher kennen? Doch laßt sehen: Ob ich nicht das Vergangne zu verbessern, euch — so weit meine Kräfte reichen — nachzuahmen verstehe? Ihr seid von diesem Augenblikke an frei, könnt ungehindert von hier abreisen, wenn und wie ihr wollt.

Gelasius. (mit vieler Wärme) Edler Zentius, ist dieß dein ernster Entschluß?

Zentius. Es hängt von euch ab, ihn zur That zu wandeln.

Gelasius. Er soll dich nie reuen! Dieß gelobe ich im Namen deines und meines Gottes! — — Meine Gegenwart ist zu Rom höchst nöthig. Jede Stunde wird neue Zerrüttung, neue Verwirrung gebähren. Ich habe dein Wort, ich reise! Je schneller du mich nach Rom förderst, je edler und unvergeßlicher wird deine That seyn.

Zentius. (fort eilend) In einigen Augenblicken sollen die Rosse und Reisige bereit stehen.

Gelasius blickte ihm voll Rührung nach, als er wirklich forteilte, und sank als Freund in seine Arme, wie er mit der Versicherung wiederkehrte, daß alles zur Abreise bereit sei. Nein, rief Gelasius, du sollst mich nicht an Großmuth übertreffen. Du gedenkst der Urkunde nicht mehr, die ich dir für meine Freiheit gelobte. Uebergab man sie deinen Bothen nicht, so soll dir Urschrift, und die von mir besiegelte Abschrift doch werden. Du sollst zwischen beiden die Wahl haben, und mir rüssenden, was dir am wenigsten nützlich scheint.

Zentius. Handelt, wie ihr wollt! Meine That ist absichtslos, ich bedarf der Urkunde zur Richtschnur meiner künftigen Handlung, aber ich heische sie nicht als den Preis eurer Freiheit, diese habt ihr einzig und allein eurem Edelsinne zu verdanken, er glänzte zu hell, als daß ich ihn für Verstellung achten sollte.

Gelasius. Lebe wohl! Die Kraft dieses Sporns wird unaufhörlich wirken, ich würde zum Heuchler herab sinken, wenn ich mein Versprechen nicht erfüllte. Lebe wohl, und sei ferner mein Freund!

Zentius. Ehrwürdigster Vater! Scheide nicht ohne Segen!

Gelasius. Gott segne den edlen Zentius! Er stärke seinen Arm, wenn er das Recht des Unterdrükten vertheidigt! Er erleuchte sein Herz, wenn er allzu rasch handelt, und böse That beginnen will! Er verzeihe ihm, was er an mir verbrach! Er lohne ihm, was er an mir übte!

Zentius. Amen! Amen!

Der befreite Gelasius stieg nun an der Hand des Edlen die Treppe hinab, die Reisigen staunten hoch, wie sich beide in ihrer

Gegenwart umarmten, und mit gerührtem Herzen Abschied nahmen. Zentius blikte dem Zuge noch lange nach, sein Herz klopfte, sein Blut wallte, der unterdrükte Ehrgeiz regte sich mächtig, und suchte Reue zu wekken, aber das süße Bewußtseyn der edlen That siegte, er genoß lange und ungestört ihre Früchte. Endlich gedachte er seines Gastes, und ging zu ihm, um neuen Lohn zu ernden.

Der Dank des Erlößten war jezt anhaltender und beredter, er nannte ihn seinen Vater, und bat Gott inbrünstig, daß er die That lohnen möge. Sie sprachen jezt lange mit einander. Elsenburg mußte seinem Retter die ganze Geschichte seines Lebens erzählen, er sammelte daraus Stoff zu seinen künftigen Handlungen. Er fühlte es tief, als Elsenburg ihm die unerwartete, seinen

ganzen Plan vernichtende Heurath erzählte,
aber sein Ehrgeiz lächelte wieder, als ihm
am Ende kund ward, daß das Weib seiner
Liebe im Grabe schlummere, seine Absicht
nicht mehr hindere. Neuer Mißmuth bemächtigte sich seiner, als er nach den Beweisen
der Geburt forschte, und Elsenburg nur die
Stätte der zerstörten Schärpe aufzeigen
konnte, die er als das einzige Erbtheil seiner erlauchten Mutter noch immer auf seiner
Brust trug.

Zentius sah nun ein, daß seine ganze
Hoffnung, sein großer Plan vernichtet sei,
wenn er nicht stärkere Beweise führen könne,
wenn die Urkunde der Vergabung — was
er bis jetzt vermuthete — nicht in bestimmten Worten eines Sohnes gedenke. Mit dieser Hoffnung und der sichern Ueberzeugung,
daß der edle Gelasius sein Versprechen red-

sich erfüllen werde, nährte er indeß seine
ehrgeizigen Wünsche, und suchte den Ritter
zu seinen Absichten vorzubereiten, er fand ihn
willig, nach seinem Sinne zu handeln, nur
mißbilligte er im Stillen, die heiße Sehnsucht des Ritters, nach seinem Vaterlande
und in die Arme seiner geliebten Kinder zurückzukehren, er hoffte, daß die Zeit diese Sehnsucht mindern, die Schönheit seiner Tochter
und Liebe zu ihr sie enden würde.

Am dritten Tage kehrten die Bothen,
welche das Schreiben des Papstes nach Rom
trugen, und die Urkunde überbringen sollten,
wieder zurük. Ihre Erzählung füllte das
Herz des Zenobius mit Schrecken. Das erstaunte Rom war aus seiner Betäubung er-
wacht, alle Bewohner desselben fühlten mit
Macht die Schande, welche dieß noch ihr
Andenken bei den spätern Nachkommen

bestekken würde, weil sie unthätig da standen, als ein kühner Waghals aus ihrer Mitte den Herrscher raubte. Sie waren fest entschlossen, den Schimpf zu rächen, sie ergriffen ihre Waffen mit dem ernsten Vorsazze, sie nicht eher abzulegen, als bis sie dem Gefangnen ruhmvolle Freiheit erkämpft hätten.

Viele Tausende versammelten sich aus dieser Absicht in Roms weiten Ebenen, die Bothen des Zentius waren nicht vermögend bis in die Stadt zu bringen, sie wurden entwaffnet, mußten ihr Sendschreiben den Siegern überreichen, und der Antwort harren. Erst am andern Tage wurde sie ihnen, und zugleich die schrekkenvolle Nachricht, daß mehr als zehntausende folgen würden, um ihrem Herrn den Raub zu entreissen, und seine Kühnheit zu bestrafen. Sie brachten statt der erwarteten Urkunde nur ein offnes Schreiben, dessen Inhalt an den Zentius gerichtet war.

„Kühner Zentius, schrieben die versammelten Kardinäle, du hast auf die unedelste Art unser ehrwürdiges Oberhaupt den friedlichen Armen seiner Freunde entrissen, du hast deine frevelhafte Hand an den Gesalbten des Herrn gelegt. — — Fluch und Bann sei deine Strafe, der martervollste Tod dein Loos, wenn du es wagst, das Blut des Geheiligten zu vergießen. Jeder Tropfen desselben fällt in deine Sündenschaale, und schleudert dich in die Hölle. Die Stunde der Rache naht, die Rächer ziehen zu tausenden aus! Bereite dich zur Buße, zur Reue, nur diese kann dich retten, und den erhobnen Arm des Rächers schwächen. Du zwangst den Gefangnen, von uns eine Urkunde zu heischen, deren Werth wir kennen, und zu vertheidigen wissen. Sie folgt nicht, obgleich der Gefangne es sehnlich wünscht, denn deine ungestümen Drohungen können wohl den Einzelnen schrekken, aber nicht die freien tausende, welche zu seiner Rettung bewaffnet stehen, und deine Veste bald umzingeln werden. Wir fordern in ihren Namen den Gefangnen ohne alle Bedingung, ohne alles Lösegeld zurük, wir wünschen als Beschüzzer des Friedens, daß du dich ohne Verzug unserm ernsten Gebote fügst. Wir können und werden die schrekliche Rache nicht hindern, wenn du zögerst, wenn du ohnmächtige Vertheidigung wagst. Gott leite deinen Entschluß, damit er dir nicht zum ewigen Verderben gereiche."

Zentius würde diese Drohungen verachtet haben, wenn ihn nicht die Erzählung seiner Bothen überzeugt hätte, daß sie Wahrheit enthielten. Er hoffte, daß der schon freie

Gelasius den Sturm, welcher ihm Vernich‹
tung drohte, von seinem Haupte abwenden
würde, da er aber nicht sicher war, ob seine
friedfertige Stimme die Herzen der Entrü‹
steten besänftigen könne, so beschloß er, das
Aeußerste zu wagen, sich tapfer zu vertheidi‹
gen, eher zu sterben, als kriechend um Ver‹
gebung zu bitten.

Mit diesem festen Entschlusse sammelte
er alle seine Reisigen, welche er in dieser Ge‹
gend aufbieten konnte, und zog mit ihnen
nach einer größern, und wohl verwahrten
Veste, auf welcher seine jüngste Tochter wohnte.
Die Absicht seines Zuges war weise, denn
um auch sein Kind vor jedem Ueberfalle zu
schützen, hätte er seine Macht theilen müssen,
jezt konnte er sie in den Mauern einer Ve‹
ste vereinigen, weil sie alles umfaßten, was
er vorzüglich schützen und vertheidigen mußte.

In seines Hauses Mitte zog der befreite El=
senburg. Zentius fühlte täglich stärkere Liebe
zu ihm, weil sein Muth erwachte, und er
mehr als einmal gelobte, daß er in jeder
Gefahr seinen edlen Retter mit Schild und
Körper decken und schützen wolle.

Der Ritter staunte mächtig, als die schö=
ne Kona den Vater bei seiner Ankunft mit
warmer Zärtlichkeit bewillkommte, und auch
endlich ihm die weisse, runde Hand zum
Willkomm bot. Zentius sahs mit Ver=
gnügen, wie der Willkommsbecher in der
Hand des Ritters zitterte, wie er über ihn
weg, nach der schönen Geberin blickte, und
des Trunkes vergaß.

Die ersten Tage verflossen in thätiger Rü=
stung zum Kampfe, Zentius bot Freunde
und Bekannte zur nöthigen Hülfe auf, sammelte

mehrere Reisige, und harrte schon muthig der Kommenden, als sich an einem Abende ein kleines Häuflein mit dem Friedenspanner in der Mitte seiner Veste näherte.

Er öffnete den Bothen des Friedens die Thore, und sie überreichten ihm im Namen ihres Herrn des Papstes Gelasius ein großes Schreiben. Zentius ergriffs mit großer Freude und trugs nach seinem Gemache. Hier erst öffnete ers mit zitternder Hand, und staunte mächtig, als er darin Urkunde und Abschrift der mathildischen Vergabung erblikte. Ein eigenhändiges Schreiben des Papstes lag dieser bei.

„Edler Freund, schrieb er, ich fühle ächte Freude, da ich dir mit Gewißheit berichten kann, daß die edle Handlung, welche du an mir übtest, schnell, und,

wie ich hoffe, ganz nach deinem Wunsche
belohnt ward. Wie ich in der Mitte deiner Reisigen die Hälfte des Weges erreicht
hatte, zogen mir Tausende entgegen, welche
meine Freiheit erkämpfen wollten, dir Rache
und Tod drohten. Nur mit Mühe gelang
es mir, sie zum Rükzuge zu bewegen, ich
mußte meine Zuflucht zur Verstellung nehmen, und, um das Leben der Tausenden
zu schonen, es wiederholt bekräftigen, daß
du mir ohne Zwang, voll Reue, ohne Bedingung die Freiheit geschenkt hättest. Aber
diese Versicherung hebt mein Versprechen
nicht, ich sende dir Urkunde und beglaubte
Abschrift der mathildischen Vergabung, und
gönne dir unter beiden die freie Wahl. Ich
bin überzeugt, daß sie deine Absicht mächtig fördert, die Hoffnung der eigennüzzigen
Diener der Kirche ganz zerstört, aber ich
sende sie doch, weil ichs gelobte, weil ich

nicht Antheil haben will an dem ungerechten Mammone. Du hast keine Rache mehr zu fürchten, die Gewaffneten sind mit mir rükgekehrt, und wohnen frieblich in ihren Häusern. Wenn meine Kardinäle die im gerechten Eifer fluchten, so löse ich hiemit den Bann, und bitte Gott, daß er ihn in Segen wandle. — — Nun habe ich meine Gelübbe erfüllt, nun kann ich als ein freier Mann mit dir sprechen, und eine offne Bitte an deinen Edelmuth wagen. Ich sandte die Urkunde und Abschrift ohne Vorwissen meiner Räthe, laß daher die Leztere dir gnügen, damit man die erstere nicht einst mit Ungestüm von mir fordere, und mich einen Verräther der Kirche nenne. Ists endlich möglich, daß du die Ausführung deines Plans noch einige Zeit verzögern kannst, so werde ich auch noch jenseits dein eifriger Fürbitter bleiben.

Ich fühle, daß ich bald enden werde, ein unheilbares Geschwür nagt an meiner Lunge, und ich wünschte so herzlich ohne Vorwürfe, in Friede und Ruhe zu sterben."

Zentius küßte das Schreiben dieses ehrwürdigen, heiligen Mannes, er verglich die Urkunde mit der Abschrift, fand die Leztere ganz gleich lautend, nach aller damals üblichen Weise bekräftigt und besiegelt, er erfüllte daher mit Freuden den Wunsch seines Freundes, und sandte die Urkunde schon am andern Tage zurük. Was er bisher vermuthete, fand er zu seinem innigsten Vergnügen ganz bestätigt. Mathilde gedachte in dieser Vergabung wirklich ihres Sohnes, sie vererbte nur dann Land und Gut der Kirche, wenn dieser nicht erscheinen, nicht durch deutlich bezeichnete Stükke einer zerrißnen Schärpe beweisen würde, daß er wirklich ihr Sohn Bonifaz sei.

Zentius, welcher vorher diesen unbedeutenden Beweis nicht achtete, freute sich jezt hoch, daß der vorsichtige Ritter diese Stükke bei sich trug, er eilte zu ihm, forderte sie, verglich solche mit der Beschreibung, und merkte bei dieser genauen Prüfung, daß in einem dieser Stükke, welches doppelt gefaltet war, etwas eingenäht sei. Er trennte es behutsam von einander, und fand darin das schriftliche Zeugniß der Geburt des Ritters, dann einen andern kleinen Zettel, auf welchem Mathilde mit eigner Hand eine kräftige Eidesformel aufgesezt, und unterfertigt hatte, durch welche sie hoch und theuer bekräftigte, daß das von ihr gebohrne Kind ein ächter Sohn ihres Gatten des Herzogs Welfs sei. —

Mehrere, stärkere Beweise konnte sein kühnster Wunsch nicht fordern, er sah sich mit einmal für alle seine Mühe aufs reichlichste belohnt, und beschloß sogleich vor allem, die Gesinnungen des Ritters zu prüfen, und zu versuchen: Ob er sich seiner Leitung unbedingt überlassen würde?

Elsenburgs Herz war dankbar, es fühlte das Schrekliche des dunkeln Kerkers, und den Werth der Freiheit noch in seiner ganzen Größe, es freute sich, dem Retter seines Lebens Beweise des Danks geben zu können, und bewilligte alles, was Zentius heischte. Er versprach und gelobte, Italien nie mehr zu verlassen, nie ins deutsche Vaterland rükzukehren, sich um die Liebe der schönen Kona zu bewerben, ihren Kindern einst sein Erbe zu hinterlassen, und dadurch die großen Dienste seines Retters zu belohnen. Dagegen gelobte ihm Zentius, die Kinder seiner ersten Ehe durch getreue Bothen aus Deutschland abzuholen, es nicht zu hindern, daß er sie

sorgfältig erziehe, und auch ihnen ein gutes
Erbe in Deutschlands oder Italiens Gefilden
stifte, und vorzüglich alle seine Ueberedungs-
kraft und Stärke seines Armes anzuwenden,
um dem Ritter die Länder seiner erlauchten
Mutter unterthänig, und ihn zum Herrscher
derselben zu machen.

Wie dieß alles verabredet und beschlossen
war, eilte der thätige Zenlius ins Gemach
seiner Tochter. All seine Hoffnung, alle Aussichten seines gränzenlosen Ehrgeizes ruhten
jetzt auf ihr, denn sie war seit einem Monden sein einziges Kind geworden. Eine ver-
heerende Seuche, die damals in Italiens Gefilden wüthete, hatte seine beiden ältern
Töchter von der Seite ihrer Gatten kinderlos
weggerafft. Als er ihren Tod erfuhr, weihte
er ihrem Andenken viele Thränen, denn sein
Herz war edel und gut, wenns der Ehrgeiz

nicht lenkte; jezt troknete er diese Thränen, weil es seinem Stolze behagte, daß nun die allgewaltige Hand des Schiksals sein sehr großes Vermögen mit Mathildens Erbe vereinigen, und den Erben seines einzigen Kindes ein Reich stiften würde, dem am Größe in Italien keines glich, das alle Macht und Aussicht zur täglichen Vergrößerung besaß. Er würde, geleitet vom gierigen Ehrgeize, seine Tochter mit Gewalt gezwungen haben, Mathildens Erben ihre Hand zu reichen; wenn die launvolle Liebe sich dießmal nicht schon willig seinen Absichten gefügt hätte.

Das unglükliche Schiksal des Ritters, die rührende, offne Erzählung desselben hatte tiefen Eindruk auf das unbefangne Herz der schönen Kona gemacht, sie ehrte den Mann, der von frühster Jugend an die Launen des muthwilligen Schiksals geduldet, diesen oft mit ächter Standhaftigkeit getrozt hatte, sie liebte den Mann, der ihr so rührend das Glük seiner ersten Ehe schilderte, seiner schon modernden Gattin noch immer mit warmer Liebe gedachte, und schloß ganz natürlich, daß er ächter Liebe werth seyn müsse. Sie weigerte sich daher nicht, als der Vater in seinem Namen ihre Hand forderte, und gestand ihm offen, daß er wohl der väterlichen Einwilligung, aber keines Fürsprechers bedürfe.

Ich übergehe die glüklichen Tage der Hoffnung des nahen Glüks. Ehe ein Monden endete, trat der Ritter mit der schönen Kona zum Altare, und gelobte, sie bis in den Tod zu lieben.

Zentius feierte diesen Tag hoch, weil er nun die Grundfeße gelegt hatte, auf welcher er seinen Erben und Nachkommen einen herrlichen Thron erbauen wollte. Er hatte dem bittenden Gelasius zwar zugesagt, daß er noch einige Zeit geduldig harren, nur im Stillen höchst nöthige Vorbereitung treffen würde, aber das Schiksal, welches den redlichen Gelasius hart verfolgte, machte weitere Vorsicht unnöthig, und erlaubte dem Zentius nach freier Willkühr zu handeln.

Wie dieß geschah, muß ich in Kürze erzählen: Nach Paschals Tode hatte Kaiser Heinrich, dessen Macht Rom fürchtete, gegründete Hoffnung, die alten Rechte des Kaisers bei einer Papsteswahl wieder in Ansehen zu bringen, er war daher äußerst entrüstet, als er schon zu Turin vernahm, daß die Römer, ohne seinen Rath zu hören, ohne seiner Rechte zu achten, den Gelasius zum Papste erwählt hätten. Er drohte Rechenschaft zu fordern, und ging endlich wirklich nach Rom, um die Drohung in Thaten zu verwandeln. Gelasius konnte seine Ankunft nicht erwarten, er mußte fliehen, weil das römische Volk ihn wegen seiner allzu friedfertigen Gesinnungen nicht liebte, und die meisten Kardinäle ihn haßten, weil er dem mächtigen und ehrgeizigen Zentius den gefangnen Ritter überantwortet hatte. Kurz nach der Hochzeitfeier des Elsenburg ward so gar in des Kaisers Gegenwart zu Rom ein spanischer Bischof zum Papste erwählt, welcher den Namen Gregor der achte annahm, und die Rükkehr des Gelasius verhinderte.

Diese so günstigen Umstände, welche die Macht der Päpste schwächten, und das kaiserliche Ansehen erhöhten, beschloß Zentius aufs beste zu benuzzen. Er hoffte in dem Kaiser einen Beschüzzer und Vertheidiger seines neuen Sohnes zu finden, und zog nach Rom, um darüber bei günstiger Gelegenheit zu unterhandeln.

Er ward von dem Kaiser mit besondrer Freundschaft empfangen, weil dieser seine Macht kannte, und über die kühne That, mit welcher er den Papst aus Roms Mauern entführt hatte, schon lange mit Recht erstaunte. Da Heinrich die Absicht dieser That nicht kannte, sie ganz natürlich für eine Vertheidigung der kaiserlichen Rechte achtete, so beschloß er den Zentius hoch zu ehren, damit er fernerhin sein treuer Anhänger bleiben, und durch Zwietracht Italiens Kräfte schwächen möge.

Zentius fühlte den Weihrauch, welchen man seiner Tapferkeit streute, aber er sah auch bald ein, daß dem Kaiser der Besitz der mathildischen Länder wohl behage, daß er sie höchst ungerne an einen andern abtreten würde, und hörte mit heimlichem Mißvergnügen zu, wenn Heinrich das Daseyn eines mathildischen Erben bezweifelte, ihn jezt nicht mehr zu erforschen begierig war, weil er ohne ihn seinen Endzwek weit besser erreicht hatte, und die Macht der Päpste nun nichts dagegen vermochte.

Der alte Herzog Welf war bereits höchst mißvergnügt nach Deutschland rükgekehrt, weil der Kaiser, was er doch wünschte und hoffte, ihn nicht mit Mathildens Ländern belehnt hatte.

Auch dieß war dem Zentius ein neuer Beweis, daß der Kaiser seine Absichten nicht begünstigen würde, weil er einen so mächtigen deutschen Fürsten fortziehen ließ, und

sein Mißvergnügen nicht achtete. Da überdieß die Rede ging, daß Heinrich einem seiner natürlichen Söhne durch Mathildens Erbe
in Italien ein Reich gründen, und daturch
dem Freiheitssinne, der täglichen Treulosig-
keit der Italiener ein scharfes Gebiß anlegen
wolle, so achtete er es für das Beste, seinen Plan vor dem scharfsichtigen Auge des
Kaisers zu verbergen, und mit der Ausführung desselben so lange zu harren, bis dieser
nach Deutschland rükkehren würde. Er war
dann gewiß daß alle Städte und Edle ihm
beistehen, und sich hoch freuen würden, wenn
sie die Macht des Kaisers vernichten, und
wieder nach unumschränkter Freiheit, nach
der damaligen Lieblingspuppe der Römer,
streben könnten.

Er entfernte sich bald nachher von des Kaisers Hofe, weilte noch einige Tage zu Rom,

und erforschte im Geheim die Gesinnungen der Edeln. Zufrieden und vergnügt mit seiner Spähe, zog er nach seiner Veste, starb aber unterwegs in einem Forste, als er kurz vorher einen Becher Wein in einer Herberge geleert hatte. Alle seine Begleiter achteten den Becher vergiftet, zogen zurük, zerstörten die Herberge, und tödteten alles, was darin athmete. Diese Rache verhinderte diese Untersuchung, und macht die Sage, daß er durch Gift sein Leben endete, höchst ungewiß.

Elsenburg trauerte mit seinem Weibe tief und anhaltend, als man ihm die Leiche des geliebten Vaters überbrachte, er war nicht eingeweiht in die Geheimnisse des Alten, er kannte die Absicht seines Zuges nicht, und würde in deutscher Einfalt und Redlichkeit alle Beweise seiner Geburt mit in die Gruft verſenkt haben, wenn ihn nicht einige Reiſige erinnert hätten, daß Zentius wichtige und geheime Schriften auf ſeiner Bruſt verwahrt trage.

Er entblößte ſolche, und fand die Abſchrift der Urkunde, nebſt der zerrißnen Schärpe, und die Zetteln, welche Zentius in dieſer entdekt hatte. Des Leſens unkundig, trug er ſie nach ſeinem Gemache, und verwahrte ſie in einem Käſtchen, weil die Schärpe in ihm die Ahndung erregte, daß dieſe Schriften wahrſcheinlichen Bezug auf ſeine Geburt hätten.

Die Edlen, welche einſt Konas Schweſtern zum Weibe gehabt hatten, mißgönnten dem unbekannten Deutſchen die reiche Erbſchaft, und forderten mit Ungeſtüm ihren Antheil. Elſenburg ſah ein, daß ihr Begehren höchſt ungerecht sei, aber er war auch überzeugt, daß Fehde und Kampf sicher zu seinem Verderben enden würde. Hartes anhaltendes Gefängniß hatte seinen Muth geschwächt, und ihm ein Land verhaßt gemacht, in welchem er so unschuldig, aber auch höchst grausam geduldet hatte. Die Vorstellung, daß man ihn, seines mächtigen Schuzzes beraubt, aufs neue verfolgen und in einen Kerker werfen könne, bemächtigte sich seines Herzens, erregte in ihm den Wunsch nach Deutschland rükzukehren und dort sein Leben in Friede und Ruhe zu enden.

Er entdekte diesen Wunsch seinem geliebten Weibe, sie besaß das gute Herz ihres Vaters, aber nicht seinen Ehrgeiz, sie willigte ein, und bat ihren Gatten selbst, sich in Güte mit seinen Schwägern zu vergleichen, willig anzunehmen, was diese ihr gönnen würden.

Die Theilung erfolgte nun ohne Wider‑
stand, und Kona erhielte ganz natürlich das
Wenigste. Ganz zufrieden mit diesem, wollte
Elsenburg eben nach Deutschland ziehen, als
ihn ein abzehrendes Fieber ergriff, die Ab‑
reise hinderte, endlich matt und kraftlos aufs
Lager warf. In einem Monden hatte er ge‑
endet, sein treues Weib wich nicht von sei‑
nem Lager, und beweinte seinen Tod lange
und anhaltend.

Er hatte sie gebeten, seinen Kindern in
Deutschland den Tod ihres Vaters kund zu
machen, ihnen das Kästchen, welches die
Beweise seiner Geburt enthielt, zu übersen‑
den, und sie zur sorgfältigen Aufbewahrung
desselben zu ermahnen.

Sie erfüllte seinen lezten Auftrag mit Eile
und seltner Redlichkeit. Ohne zu untersuchen,

was das Kästchen enthalte, vertraute sie solches einigen treuen Dienern, sandte sie nach Schwaben, entbot den Waisen ihres Gatten einen aufrichtigen Gruß, und gab den Dienern den gemeßnen Auftrag, beide mit nach Italien zu bringen, wenn es ihnen in Deutschland an Pflege gebrechen, oder kein Anverwandter ihr zweiter Vater geworden sei. Ich will, sprach die Gute, mit tausend Freuden Mutterstelle bei ihnen vertreten, und sie in Züchten und Ehren groß erziehen.

Ehe die Diener mit ihren Aufträgen auf der schwäbischen Veste anlangten, hatte sich dort manches geändert. Die alte Pflegmutter war gestorben, Herzog Welf, der höchst mißmuthig aus Italien rükkehrte, und schon unterwegs sein nahes Ende fühlte, berief die Reisigen, welche er zum Schuzze der verlaßnen Kinder geordnet hatte, nach Baiern, und starb, ohne ihrer mehr zu gedenken.

Ein Bruder der verstorbnen Mutter erbarmte sich nun der Kleinen, bezog die Veste, und verwaltete sie mit deutscher Redlichkeit zum Besten der Waisen. Er war bieder und gut, aber auch roh und ungelehrt, er verdachte es dem Ritter Elsenburg, daß er seine Kinder verlassen habe, und, wie die Sage ging, aus eitler Ruhmbegierde nach Italien gezogen sei, um dort seinen Tod zu suchen.

Er empfing Konas Diener mit vieler Freundlichkeit, weil er glaubte, daß das Kästchen seltne Kleinodien enthalten würde, er lachte bitter, wie er nichts als einige Schriften, die er nicht lesen konnte, und eine zerrißne Schärpe darin fand; er schwur hoch und theuer, daß diese unnützen Dinge seinem Pflegsohne nicht das Gehirn erhitzen sollten, und stellte das Kästchen in einen Winkel seines Gemachs. Uebrigens entbot er der gutherzigen Kona seinen Gegengruß, und versicherte sie offen, daß er der Vater der Waisen bleiben, sie mit Gottes Hülfe wohl und gut erziehen wolle.

Kaum waren die Bothen in Italien angelangt, als Kona, was sie vorher nur dunkel ahndete, nun mit Gewißheit fühlte, daß ihr Gatte sie schwanger verlassen habe. Sie fand Wonne in dem Gedanken, das Pfand seiner Liebe unter ihrem Herzen zu tragen, und beschloß nie mehr zu heurathen, wenn ihr Gott dieß Kind gesund schenken und erhalten würde. Sie erneuerte dieß Gelübde, als sie einen gesunden Knaben gebahr, und beobachtete es, so lange sie lebte. Der Knabe war der Liebling ihres Herzens, sie kannte außer ihm keine Freude, kein Vergnügen.

Das Glük sorgte in der Folge mit gleicher Zärtlichkeit für ihn, Konas Schwäher, welche einst ihr Erbe mit ihr theilten, starben, ob sie gleich wieder geheurathet hatten, kinderlos, erinnerten sich vor ihrem Ende des Unrechts, welches sie an ihr verübt hatten, und vermachten all ihre Güter, all ihr Vermögen dem Knaben Konas, der dadurch einer der reichsten und ansehnlichsten Edlen in Italien wurde. Als er schon dreißig Jahr alt war, und ein Weib heimführen wollte, erinnerte sich Kona alles dessen, was sie ehemals von der Geburt ihres verstorbnen Gatten vernommen hatte, und erzählte es ihrem Sohne. Begierde nach Ueberzeugung, schmeichelhafte Hoffnung erwachte in seinem Herzen, er sandte Bothen nach Deutschland, welche von seinem Bruder das ehemals dahin geschikte Kästchen rükfordern, und weigere er dieß, wenigstens eine Abschrift heischen sollten.

Hanns von Elſenburg, ſo nannte ſich der Erſtgebohrne, hatte damals ſchon das Erbe ſeines Vaters in Beſiz genommen, hauſ'te mit einem lieben Weibe ruhig auf der Veſte, als die Bothen dort anlangten. Nur aus einer dunkeln Erzählung ſeines ſchon verſtorbnen Oheims erinnerte er ſich des Käſtchens, fands nach langem Suchen, und würde es ohne weiters den Bothen eingehändigt haben, wenn nicht ein Verwandter ſeiner Mutter, ein Mönch, der als Burgkaplan auf der Veſte diente, den Plunder näher unterſucht, ihn wichtig gefunden, und den Rath ertheilt hätte, daß man nur Abſchriften davon ſenden ſolle. Hanns befolgte den Rath ſeines Freundes, forſchte aber nie nach dem Erfolge, und lebte zufrieden auf ſeiner einſamen Veſte.

Hätte Zentius länger gelebt, ſo würde er höchſt wahrſcheinlich in dem durch den Tod

des Kaisers Heinrichs erfolgten Interregno
Zeit und Gelegenheit gewonnen haben, die
Ansprüche seines Tochtermanns auf das mathildische Erbe zu beweisen, und solches ohne
Widerstand in Besiz zu nehmen. Denn wer
hätte es damals hindern wollen, hindern können? Kein Kaiser vertheidigte die Rechte
des Reichs; die Päpste, deren immer zwei
erwählt wurden, kämpften unter sich, lebten
meistens in Frankreich und konnten auf den
Beistand der edlen Römer nicht rechnen,
welche in jedem Falle die Absichten des Zentius unterstüzt hätten.

Allein Zentius moderte, die sanfte Kona
liebte Ruhe und Friede, und ihr Sohn war
damals noch nicht mannbar; daher kams,
daß dieß große Erbe immer noch ein Eigenthum der Kaiser blieb, zwar durch den Papst
Innozens in Anspruch genommen, doch durch

eben denselben dem neu erwählten Kaiser Lothar als ein Lehn der Kirche wieder überlassen, der möglichen natürlichen Erben aber gar nicht gedacht ward.

Erst nach dem Tode des Kaisers Konrad ließ Elsenburgs von der Kona gebohrner Sohn, die Abschriften aus Deutschland holen, und suchte, nach dem Zeugnisse meines Geschichtschreibers, seine Ansprüche und Rechte auf dieß berühmte Erbe zu erneuern.

Die vielen und großen Städte Italiens hatten damals die Herrschaft über dieß schöne Land an sich gerissen, und gleichsam unter sich getheilt. Alle die Edlen des Landes, welche es nicht mit ihnen hielten, wurden befehdet und unterjocht. Elsenburgs Sohn hatte deswegen das Bürgerrecht zu Mantua genommen, und dadurch die gegründete Hoffnung erhalten, daß diese mächtige Stadt seine Rechte vertheidigen, ihn in seinen Ansprüchen unterstüzzen würde, aber die Ankunft des neu erwählten Kaisers, Friedrichs des ersten, vereitelte alle seine Hoffnungen. Dieser tapfere Held demüthigte den Stolz der Städte, unterwarf sie seiner Herrschaft, und nahm auch, ohne des Papstes Belehnung und Einwilligung, das mathildische Erbe in Besiz.

Die bekannte Absicht des Kaisers sich in Italien einen festen Siz zu gründen, schrekte Elsenburg's Sohn zurük, er wagte es nicht, dem Kaiser seine Ansprüche vorzutragen, war zufrieden, daß man ihn das Erbe seiner Mutter ungestört genießen ließ, und regte sich nicht im geringsten, als der Kaiser seinen Oheim, den alten Herzog Welf mit den mathildischen Ländern belehnte, sie nach des leztern Tode wieder als ein kaiserliches Eigenthum an sich zog.

Konas Sohn starb endlich und hinterließ einen Sohn, nebst zwei Töchtern. Der erstere erbte alle seine Güter, und die Töchter erhielten nur ein ihrem Stande angemeßnes Leibgeding. Ohne der fernern Schiksale so wohl des deutschen als italienischen Zweiges dieses merkwürdigen Stammes zu gedenken, überhüpft mein Geschichtschreiber eine Reihe von mehr als funfzig Jahren, und erzählt nur, daß nach dieser Zeitfrist vom erstern Zweige noch ein Sohn, Benno von Elsenburg benamset, und vom wällischen Stamme noch eine Tochter, Mathilde Gräfin von Frangipani vorhanden war. Aus diesem leztern erhellt, daß Konas Sohn, wahrscheinlich durch ein mütterliches Testament verpflichtet, nicht seines Vaters, sondern Großvaters Namen führte und fortpflanzte.

Unstreitig hatten die Glieder dieses Stammes unter dieser langen Zeit ihre Rechte auf das mathildische Erbe nie erneuert, und deswegen achtet sie wohl auch der Geschichtschreiber der Erwähnung unwürdig. Seiner Versicherung nach hatten die deutschen Nachkommen solches ganz vergessen, keiner der entfernten und nahen Anverwandten gedachte desselben mehr. Das Kästchen, welches die Beweise der hohen Geburt und des reichen Erbes enthielte, wurde zwar noch als ein Andenken des Familienstifters auf der Burg aufbewahrt, aber niemand kannte seinen Inhalt, wenige ahndeten, was darin modere.

Nur das italienische Stammhaus hatte das Andenken des Stifters in bessern Ehren gehalten, die Gewißheit, daß seine Glieder noch immer Mathildens nächste Erben wären, und ihre Rechte darauf beweisen könnten, hatte sich vom Vater auf Sohn fortgepflanzt, herrschte lebhaft im Herzen der einzigen Tochter des leztern Zweigs, welche ihr Vater eben deswegen Mathilde genannt hatte. Sie war die Erbin seines großen, stets vermehrten Vermögens, und ward als eine der reichsten Erbtöchter in Italien geachtet.

Um hier die Lükke zu füllen, welche die fernere Erzählung meines Geschichtschreibers manchen undeutlich, und unwahrscheinlich machen würde, muß ich aus der ächten Geschichte nachholen, was sich unter dieser Zeit merkwürdiges mit dem berühmten mathildischen Erbe zugetragen hatte.

Ungeachtet der Papst Alexander solches vom Kaiser Friedrich dem ersten als ein Eigenthum der Kirche zurükforderte, so schloß er doch am Ende mit eben demselben einen Vertrag, vermög welchen solches der Kaiser noch funfzehn Jahre lang genießen, und besizzen sollte, und auch wirklich bis an seinen Tod besaß. Sein Sohn Heinrich gab solches nie zurük, und übte bis an seinen Tod alle Rechte eines Beherrschers in diesen Ländern aus. Nur nach seinem Tode erneuerte der mächtige Papst Innozenz die Ansprüche der Kirche aufs neue, die Deutschen widerstanden noch immer, doch konnten sie es nicht hindern, als sich einige Städte und Ländereien dieses Erbes freiwillig an ihn ergaben.

Mein Geschichtschreiber versichert an einem andern Orte, daß schon vorher der lezte Graf von Frangipani diejenigen Ländereien, welche seinem Gebiete am nächsten lagen, an sich gezogen, und sein Erbe dadurch vergrößert habe; ich wage es nicht, ihm zu widersprechen, da die wahre Geschichte selbst behauptet, daß in den lezten Zeiten der Regierung Heinrichs von dem mathildischen

Erbe beträchtliche Stükke durch Mächtigere abgerissen wurden.

Daß der Papst dazumal die Deutschen noch nicht aus diesem Erbe verdrängen konnte, wird deutlich durch den Vertrag erwiesen, welchen er in der Folge mit dem Kaiser Otto errichtete, der sich zwar ausdrüklich darin verpflichtete, der Kirche die mathildischen Länder abzutreten, diesen Punkt des Vertrags aber doch nicht erfüllte, weil die Edlen und Städte dieses Landes selbst diese Abtretung weigerten, und, wie mein Geschichtschreiber versichert, dazumal ausdrüklich forderten, daß man vorher untersuchen und nachspähen solle: ob Mathilde keinen Sohn hinterlassen habe, und von diesem nicht Erben vorhanden wären, welche näheres Recht auf die Regentschaft hätten? Wäre diese Forderung in der Geschichte bewiesen und ge=

gründet, so könnte man leicht daraus die unbegreifliche Zögerung erklären, mit welcher der sonst so mächtige und eifrige Papst die Besiznehmung dieser Länder verschob.

Ich verlasse nun den Leitfaden der Geschichte, und kehre zu meiner Erzählung zurük. Als Friedrich der zweite den Thron der deutschen Kaiser bestieg, versprach er zwar dem Papste, alles dasjenige zu erfüllen, was Otto zu erfüllen gelobt hatte, ihm folglich auch das mathildische Erbe abzutreten; allein die Edlen und Bürger der Städte widersezten sich aufs neue, schikten Abgeordnete aus ihrer Mitte und baten den Kaiser, ihre Bitte genauer zu prüfen.

Friedrich, welcher ohnein nicht gerne dem Papste so ansehnliche Vermehrung seiner Macht gönnte, versicherte sie seines Beistandes und

Schuzzes, wenn ſie ihre Klage rechtfertigen, und erweiſen könnten, daß Mathilde einen Sohn gebohren habe, und von dieſem Sohne noch abſtammende Erben vorhanden wären. Die Edlen des Reichs gelobten es, und mußten ſich nun aufs äußerſte, ihr Verſprechen zu erfüllen.

Es war vielen unter ihnen nicht unbekannt, daß die Grafen von Frangipani ſich dieſer Abſtammung rühmten, und Beweiſe darüber zu führen bereit waren, aber Edle und Bürger hatten bisher dieſe Sage verlacht, abſichtlich unwahrſcheinlich gemacht, weil ihnen die ſchwankende Regierung des Kaiſers beſſer als ein eigner Regent behagte, ſie insgeſamt als Fürſten und Könige in ſeiner Abweſenheit handeln konnten, ihm höchſtens nur ihre Ehrfurcht bezeigen, und einige Lebensmittel liefern mußten, wenn er Zeit

seiner Regierung einige Monden nach Italien
kam. Jezt aber, da die Päpste, deren
Macht und Ansehen sich mit jedem Jahre
mehrte, ihre Herren und Regenten werden
sollten, da Ueberzeugung sie belehrte, daß
diese nicht mild regierten, alle Abgaben,
Zehnden und Lehengefälle mit unnachsichtlicher
Strenge forderten, da schien es ihnen das
grösste Glük und einzige Rettungsmittel, wenn
sie sich dieser strengen Herrschaft entziehen,
und einen eignen Regenten wählen könnten.

In einer vollen Versammlung beschlossen
sie daher einstimmig, dem einzigen Zweige
des frangipanischen Stammes, der Gräfin
Mathilde ihre Absicht kund zu machen, sie
im Voraus der Huldigung des ganzen Landes
zu versichern, und dagegen zu bitten, daß
sie ihre Abstammung rechts beständig erweisen möge.

Mathilde war damals acht und zwanzig Jahre alt, ihr ansehnliches Erbe, ihre wirklich reizende Schönheit hatte die Liebe und den Ehrgeiz vieler edlen Jünglinge schon lange geweckt und mächtig gereizt, aber die sichere Hoffnung, daß sie einst ihrer Stammmutter Länder erben würde, der feste Vorsaz, gleich dieser selbst zu herrschen, und durch kühne Thaten den ehemals so bekannten Namen aufs neue berühmt zu machen, hatte die Bemühungen der Jünglinge stets vereitelt. Ihr Ehrgeiz, ihr Stolz duldete es, daß hunderte ihren Reizen huldigten, nach einem günstigen Blik schmachteten, aber ihr Herz öffnete sich nie der Liebe, es beherrschte und regierte alle mit gleicher Strenge, ohne einem Einzigen Hoffnung zu gewähren. Sie liebte Pracht und Glanz im höchsten Grade, ihre ansehnlichen Einkünfte reichten kaum, um die Menge der Diener und Dienerinnen zu solden und zu ernähren, welche stets ihres Winkes harren mußten. Ihre Burg glich der Residenz eines großen Fürsten, ihre Pracht war königlich.

Freudig klopfte ihr Herz, hoch wallte ihr Busen, als die Abgeordneten sich ehrfurchtsvoll nahten; ihr den Willen und die Meinung der Edlen kund machten. Alle ihre Hoffnungen und kühnen Wünsche wurden nun mit einmal erfüllt, ihr Ehrgeiz ward reichlich gesättigt, sie war des glücklichen Ausgangs gewiß, weil sie ihn sehnlich wünschte.

Da die Gesandten die Beweise ihrer Geburt forderten, so führte sie solche nach ihrem Gemache, und gab ihnen, was sie besaß. Sie war des Lesens und Schreibens vollkommen kundig, sprach mit seltner Fertigkeit auch Deutsch und Latein, sie erfüllte daher mit

Vergnügen die Bitte der Gesandten, und erklärte ihnen den Inhalt der Dokumente, durch welche sie ihre Geburt beweisen konnte. Es waren die einfachen, unbestätigten Abschriften derjenigen Urkunden, welche auf Elsenburgs Veste in Deutschland ruhig moderten, und eben diejenigen, welche Konas Sohn einst aus Deutschland erhalten hatte.

Die Gesandten, welche des Schreibens unkundig waren, daher Abschrift von Urschrift nicht sondern konnten, freuten sich äußerst über die so wichtigen Beweise, huldigten der Gräfin schon im Voraus als ihrer künftigen Regentin, und eilten, ihren versammelten Brüdern den glücklichen Erfolg kund zu machen.

Diese sandten nun neue Abgeordnete mit den triftigen Beweisen an den Kaiser, und baten ihn dringend, sie durch seine Macht und Ansehen zu unterstützen.

Friedrich freute sich dessen hoch, er übergab die Schriften sogleich seinem Kanzler zur Prüfung, und obgleich dieser solche für unbestätigte Abschriften erkannte, so achtete er sie doch um deswillen für höchst wichtig, weil sie Licht über die Vergabung Mathildens verbreiteten, und eben dadurch dem Kaiser Stoff zur Weigerung der versprochnen Uebergabe lieferten. Der Rath des Kanzlers fiel daher dahin aus, daß der Kaiser dem Papste kund thun möge: Wie sich natürliche Erben der mathildischen Länder vor seinem Throne gemeldet, und durch eine Abschrift der ehemaligen mathildischen Vergabungsurkunde dargethan und bewiesen hätten, daß das Erbe nicht der Kirche, sondern ihnen gebühre. Da es nun des Kaisers Pflicht und

Schuldigkeit sei, das Recht der Bittenden zu vertreten, so ersuche er den Papst, einige gelehrte und dem Werke gewachsene Männer zu ernennen, welche die Abschrift und übrigen Beweise prüfen, sie als ächt anerkennen, oder durch verstattete Einsicht in die ächte Vergabungsurkunde als unrichtig widerlegen möchten.

Der Kaiser befolgte den listigen Rath seines Kanzlers, und versezte dadurch den Papst in die größte Verlegenheit. Dieser hatte schon vorher das Archiv seiner Vorfahren untersucht, dadurch war er nicht allein überzeugt worden, daß die Vergabungsurkunde eines Erben gedenke, sondern hatte auch Beweise gefunden, wie man den allzu gütigen Gelasius im Verdacht habe, daß er dem Zentius Frangipani eine bestätigte Abschrift dieser Urkunde übergeben hätte. Diese Ueberzeugung vermehrte die Verlegenheit, und machte die ganze römische Politik rege. Man kam endlich darin überein, daß man in jedem Falle die Aechtheit der Abschrift bezweifeln, diese verwerfen, und, um keine Furcht und Blöße zu verrathen, sogleich Abgesandte senden müsse, welche Geschiklichkeit genug besäßen, diesen Entschluß auszuführen.

Friedrich befand sich dazumal in Mailand, ehe ein Monden verfloß, erschienen die päpstlichen Gesandten, und heischten die Einsicht der Beweise. Sie triumphirten in ihren Herzen, als sie sogleich sahen, daß es nur die Kopie der gefürchteten Abschrift war, sie verwarfen sie nebst den übrigen Beweisen als die Erfindung eines müßigen Kopfes, und forderten die zerrißnen Stükke der Schärpe, welche ihrem Ausdrukke gemäß, der listige Erfinder selbst als einen Hauptbeweis angegeben hatte.

Friedrich konnte ihnen nicht widersprechen, und sie heischten mit vielem Uebermuthe aufs neue die schleunige Uebergabe der mathildischen Länder. Er weigerte sie nicht, doch verlangte er vorher Einsicht in die Originalurkunde, um sich mit eignen Augen zu überzeugen, daß die Abschrift falsch sei, und er durch sie hintergangen und betrogen wurde. Die Gesandten gelobten, ihrem Herrn das Begehren des Kaisers zu hinterbringen, und zogen mit dem wiederholten Versprechen von dannen, daß er, wenn die Originalurkunde der Abschrift nicht gleiche, nicht ausdrüklich eines andern Erbens gedenke, nicht säumen werde, durch Macht und Ansehen die widerspänstigen Vasallen zum Huldigungseide zu zwingen.

Obgleich diese Forderung des Kaisers billig und gerecht ward, so ward sie am römi schen Hofe doch ganz natürlich mit großem Unwillen vernommen. Der Papst bewies, daß Kaiser Lothar, Friedrich der erste, und Otto seine Rechte auf das mathildische Erbe schon anerkannt, und sie der Kirche zu übergeben beschworen habe. Er verwunderte sich daher mit Rechte, wie Friedrich der zweite über ein schon anerkanntes Eigenthum neue Beweise fordern könne, sah diese Forderung als eine Verzögerungsliſt an, drohte mit Bann und Fluch, wenn er nicht unbedingt erfüllen würde, was er, gleich seinen Vorfahren bei seiner Krönung gelobt hätte.

Friedrich blieb standhaft in seiner Forderung, und ging endlich selbst nach Rom, um sie mit den Waffen in der Hand geltend zu machen.

Der Papst entfloh mit einigen Kardinälen nach Frankreich, nahm die Urkunde mit sich,

und sandte von Lion aus dem Kaiser den
Bannfluch. Friedrichs Herz ward durch dieses
Verfahren noch mehr erbittert, er weigerte
jetzt die Uebergabe schlechterdings, und legte,
um seiner Weigerung Nachdruk zu geben,
deutsche Söldner zum Schutze in die Städte
und Burgen des mathildischen Landes, doch
gebot er, um seine That vor den Augen der
Welt zu rechtfertigen, daß die Edlen und
Bürger des Landes binnen einer jährigen
Frist ihre Anzeige durch dokumentirte Beweise
rechtfertigen, oder gewärtig seyn sollten, daß
er des ewigen Haders müde, sie ihrem eignen Schiksale überlassen würde.

Mathilde, welche bisher im Stillen den
Ausgang des Kampfes angstvoll erwartet hatte,
und immer noch das Beste hoffte, sah durch
diesen Ausspruch alle ihre Hoffnungen vereitelt, weil sie außer den schon vorgelegten,

keine andern Beweise besaß, keine Aussicht
hatte, wo sie die Originale dieser verworf-
nen Kopien erhalten könne. Sie blikte hoff-
nungsvoll auf die vielen Schriften, welche
ihre Ahnen in einem Gewölbe der Burg auf-
gehäuft hatten, und spähte nun unter allen
ihren Edelknechten und Dienern nach einem
Manne umher, welcher fähig wäre, die
große Arbeit, alle diese Schriften zu untersuchen, mit ihr zu theilen. Ihr Blik blieb
an dem Ritter Grimsaldi hangen, er war
zwar nur erst seit einigen Monden in ihre
Dienste getreten, aber er hatte sich schon durch
seltnen Eifer bei ihr beliebt, und dadurch schäz-
bar gemacht, daß er sehr gut Deutsch und Latein sprach, des Schreibens sehr gut kundig war,
und jede Schrift zu lesen verstand. Sie entdekte ihm ihr Vorhaben, er fand sich dadurch hoch
geehrt, und bewies durch seinen unermüdeten
Fleiß und Geduld, mit welcher er in ihrer

Gegenwart den Inhalt der Schriften täglich untersuchte, daß er ihres Vertrauens, und endlich auch des vollen Lohns würdig sei, weil er endlich die Abschrift des Briefs entdekte, welchen einst Konas Sohn nach Deutschland schrieb, und darin Abschrift oder Sendung des Originals von seinen Verwandten forderte.

Groß war ihre Freude, rein ihre Wonne, als sie endlich selbst die zwar sehr lakonische, aber doch volles Licht ertheilende Antwort auf diesen Brief fand. „Wir senden euch, schrieb Hanns von Elsenburg, die verlangten Abschriften, und würden die Urkunden ohne Bedenken beigelegt haben, wenn mich nicht mein Burgkaplan überzeugt hätte, daß sie der weitern Aufbewahrung würdig wären, einst meinen Sohn turnierschig machen könnten. Gott mit euch und uns! Gegeben auf der Veste der edlen und freien Ritter von Elsenburg im Herzogthume Schwaben."

Mathilden ward durch diesen Brief nun mit einmal kund, wo und an welchem Orte die Urkunden aufbewahrt wurden, auch überzeugten sie andre Schriften, welche diesen Briefen beilagen, daß sich der unglükliche Sohn ihrer Stammmutter wirklich Elsenburg nannte, einige Zeit in Deutschland lebte, und dort mit einer edlen Deutschen Kinder zeugte, welche ebenfalls einen Stamm in Deutschland gründeten.

Nach Mathilden äußerte über diese Entdekkung Ritter Grimsaldi die größte Freude, er erbot sich sogleich nach Deutschland zu reisen, und in seiner Gebieterin Namen die Schriften zu erheben, da aber Mathilde als gewiß voraus sah, daß man den Werth derſelben jetzt beſſer als ehemals ſchätzen, jedem Bothen neue Hinderniſſe und Schwierigkeiten machen würde, ſo achtete ſie es für das Beſte, ſelbſt nach Deutſchland zu reiſen, durch ihre Gegenwart jedes mögliche Hinderniß zu heben, weder Wort noch Gold zu ſparen, um den Schatz zu erhalten. Die Begierde, einſt Regentin zu werden, ward täglich ſtärker, ſie erklärte ihrem getreuen Grimſaldi bald hernach aufrichtig, daß ſie feſt entſchloſſen ſei, — wenn ſie durch andre Mittel die Urkunden aus den Händen der Deutſchen nicht erhalten könne — einen Sohn des deutſchen Stammes zu heurathen, um mit ihm zu erlangen, was ihr Herz ſo ſehnlich wünſche.

Vergebens mühte ſich Grimſaldi, ihr die Gefahren zu ſchildern, welche ihrer in dem ſo fehdereichen Deutſchland harrten, ſie ſchrekten ſie nicht, und ehe zwei Monden verfloſſen, ehe Grimfaldi es muthmaßte, war schon alles zu ihrer Abreise bereit. Sie machte dieß dem erstaunten Ritter zu erst kund, und forschte, ob er sie begleiten wolle? Er versprachs, als sie aber am andern Morgen nach ihm sandte, war er in der Burg nicht mehr zu finden. Ihr Argwohn erwachte, sie durchspähte in Eile ihre Schriften, und fand bald, daß ihr alle diejenigen Schriften und Briefe mangelten, welche ihre Geburt beweisen konnten. Ob gleich diese Schriften keinen Werth hatten, so konnten sie ihr doch in Deutschland zum Beweise dienen, daß sie von einem und den nehmlichen Stammvater abstamme, und folglich eine Anverwandte der Elsenburg sei. Ihr Kummer über den Verlust derselben war daher sehr groß, sie genoß am Mittage die Speisen nicht, welche man auf ihre Tafel sezte, und hörte bald, daß alle diejenigen, welche an ihrer Tafel speiseten, über schreckliche Schmerzen klagten, und nach einigen Stunden starben. Daß die Speisen Gift in sich enthielten, war nun gewiß, beinahe eben so gewiß aber auch erwiesen, daß Ritter Grimsaldi der Giftmischer sei, weil einige Personen ihn am frühen Morgen nicht allein in der Küche gesehen, sondern auch wahrgenommen hatten, wie er einen Seefisch, welcher Mathildens Lieblingsspeise war, betastet, und seine Schönheit gelobt habe.

Mathildens Muth und Standhaftigkeit ward durch diese unerwartete Begebenheit aufs neue gewaltsam erschüttert, aber doch nicht vernichtet, sie wurde vielmehr ein neuer Sporn ihres Ehrgeizes, der nun alles zu wagen beschloß, um Sieg oder Tod zu erringen. Von funfzig der getreusten und tapfersten ihrer Lehnsträger begleitet, zog sie schon am dritten Tage aus ihrer Burg. Keiner der Rükgebliebnen ahndete, wohin sie ziehen würde, die Absicht ihrer Reise blieb allen ein undurchdringliches Geheimniß. Sie nahm ihren Weg nach Mailand, sprach dort mit dem Kaiser, erzählte ihm alles, was sie wußte, was sich mit ihr zugetragen habe, und heischte seinen väterlichen Rath.

Der Kaiser, welcher damals die größte Verfolgung des Papstes duldete, und eben vernommen hatte, daß er mit Hülfe einiger mißvergnügten deutschen Fürsten in der Person des Landgrafen von Thüringen einen Gegenkaiser aufgestellt habe, versprach Mathilden allen möglichen Schuz. Als ihn aber sein Kanzler noch überdieß versicherte, daß das römische Recht, welche schon damals in Ansehen und Uebung stand, Mathilden das ganze Erbe zusprechen müsse, wenn sie nur durch des Papstes Gelasius eigenhändig vidimirte Abschrift einen möglichen Erben ihrer Stammmutter erweisen könne, so munterte er sie selbst auf, nach Deutschland zu ziehen, und diese Beweise zu holen. Sie zog mit seinem Segen und mit der Versicherung fort, daß er bei ihrer glüklichen Rükkehr nach Recht und Billigkeit handeln, ihr Mathildens Erbe zum wahren und ewigen Eigenthume übergeben würde.

Als sie schon abgereist war, kehrte Enzius, ein natürlicher, aber hochgeliebter Sohn des Kaisers aus Sizilien zurük, wohin er einige Befehle des Kaisers überbracht hatte. Sein Anblik wekte im väterlichen Herzen aufs neue die Sorge, diesem lieben Sohne ein Erbe zu gründen, er erinnerte sich an Mathilden, und ihre grosen Hoffnungen, er beschloß sogleich, ihr den Enzius nachzusenden, und trug ihm ernstgemessen auf, ihre Liebe zu suchen, und auf alle mögliche Art zu gewinnen.

Um seinen Plan nicht zu verrathen, ward am Hofe und selbst den Begleitern des Enzius kund gemacht, daß er nach Schwaben abgesandt werde, um die Edlen dieses Landes zur Treue gegen den Kaiser zu ermahnen, und ihnen seine nahe Hülfe zu verkündigen, weil der neue thüringische Gegenkaiser eben mit einem Einfalle in dieß Herzogthum drohte. Auch war dieß Geschäft wirklich mit in dem Auftrage des Enzius begriffen, doch keineswegs, sondern nur Mathilde die Hauptabsicht seines Zuges.

Enzius, welcher kaum zwanzig Jahre zählte, wirklich äußerst schön war, aber auch eben so sehr das Gewicht seiner Schönheit fühlte, versprach dem Vater treue Erfüllung seiner Befehle, und zog mit der Gewißheit fort, daß er Mathilden auf einer Veste in der Grafschaft Toggenburg, wohin sie der Kaiser empfohlen hatte, finden, und schnell besiegen werde.

Fünf und dreißigstes Kapitel.

In welchem die ganze Geschichte vom Anfange beginnt, über Dämmerung und Finsterniß helles Licht verbreitet.

Mathilde hatte wahr geahndet, Ritter Grimaldi war ein treuloser Freund, und ein geheimer Späher des römischen Hofs. Der Wahrheit zu Ehren muß ich hier, wie mein Geschichtschreiber mich billig mahnt, erklären und bekennen, daß der Papst Innozenz, ob gleich der Ritter ganz zu seinem Vortheile handelte, keinen Antheil an seinen jetzigen und künftigen Handlungen hatte.

Innozenz lebte damals, wie bekannt, zu Lion in Frankreich. Kurz vor seiner Flucht hatte er den rükgebliebnen Getreuen ernstigemessen aufgetragen, sein Bestes nach Kräften zu fördern, und wie immer möglich zu hindern, daß der Kirche nicht durch neue und gültigere Beweise Mathildens Erbe entrissen würde. Diese handelten nun jezt nach eigner Einsicht und Gutdünken, scheuten keinen Weg, der zum Ziele führen konnte. Sie waren durch Erfahrung überzeugt, daß der Frangipanische Stamm den so unerwarteten Anspruch auf das Erbe gemacht habe, und richteten ihre ganze Aufmerksamkeit auf die einzige Erbtochter desselben. Sie muthmaßten nicht ohne Grund, daß diese früh oder spät die so unvorsichtig ertheilte Urschrift des Papstes Gelasius entdekken könne, und glaubten ganz gewiß, daß solche unter den Schriften des Frangipanischen Stammes verborgen läge. Sie musterten nun mit scharfem Blikke alle diejenigen, welchen man ohne Sorge die

Ausführung eines Wagestüks vertrauen könne, und aller Blik blieb am Ritter Grimsaldi hangen, ihm ward große Belohnung versprochen, und aufgetragen, daß er Mathildens Vertrauen suchen, sich ihrer Schriften bemächtigen, und — wenns die Noth erfordere — sie als die einzige Leuchte ihres Stammes auslöschen solle.

Ehe er seine Reise nach Mathildens Burg antritt, und dort die Hälfte seines Bubenstüks glüklich verübt, muß ich meine Leser mit diesem Ritter genauer bekannt machen.

Sein Vater besaß ehemals im Mailändischen eine kleine Veste, übte, nach sehr gewöhnlicher Sitte, Raub an den reichen Kaufleuten dieser großen Stadt, und reizte endlich ihre Rache. Man zog wider ihn aus, und zerstörte seine Veste, er konnte mit

Mühe entrinnen, und fand Schuz und Unterstüzzung zu Rom, wo er bald nachher eine edle Deutsche, welche als eine arme Waise dort lebte, heurathete, und mit ihr diesen Sohn zeugte. Wie er eben dem Papste einen wichtigen Dienst geleistet hatte, und Belohnung ernden sollte, starb er; seine Gattin war nicht bekannt mit dem Pfade, auf welchem man bis ins Gemach der Großen gelangen konnte, sie ward vergessen, darbte mit ihrem Sohne im Elende, und folgte dem Vater nach, als jener erst zwölf Jahr alt war.

Niemand nahm sich des Waisen an, sich ganz überlassen, irrte er in den Klöstern der Stadt umher, sättigte sich von den Brodsamen, die von der Mönche Tische fielen, und diente ihnen, wenn sie am Altare des Herrn opferten. Die viel versprechende Miene des

Knaben, sein immer reger Diensteifer, seine klugen, oft wizzigen Antworten wekten Mitleid im Herzen eines Karbinals, er versprach sein Vater zu werden, ließ ihn anständig erziehen, und in allen Wissenschaften unterrichten, die ihn einst zum Dienste des Herrn fähig machen konnten. Er lernte bald schreiben und lesen, verstand Latein, und sprach überdieß sehr geläufig Deutsch, weil seine Mutter ihn von frühster Jugend auf in dieser Sprache unterrichtet hatte, er würde unstreitig sein Glük gemacht haben, wenn sein lebhafter Geist, seine unüberwindliche Neigung zum Frohsinne, Leichtfertigkeit und Nekkerei sich mit den strengen Ordensregeln vertragen hätte.

Er verließ im zwei und zwanzigsten Jahre seines Alters das Kloster, in welchem er das Gelübde der Armuth und Keuschheit schwören sollte, und irrte nun wieder ohne Plan und Zwek in Rom umher. Seine natürliche Kühnheit, die alles wagte, machte ihn bald in den Häusern der Großen bekannt, und in der Folge durch Bereitwilligkeit, sich in jedes Laune zu schiffen, überall beliebt. Er durchreiste im Gefolge einiger päpstlicher Legaten viele Länder, er kehrte zurük, und war, wie ehe und zuvor, der Schmeichler und Kuppler der Großen. Ihm schien keine That böse, wenn sie Lohn mit sich führte, ihm war kein Bubenstük zu schwer, wenns nur bezahlt wurde. Das große Glük, welches bisher alle seine Thaten mit dem besten Erfolge krönte, machte ihn täglich kühner, und in den Augen der Theilnehmer wichtiger. Daher kams, daß man sich in einer so wichtigen Angelegenheit an ihn wandte, und gewiß überzeugt zu seyn glaubte, daß er allein sie glüklich enden könne.

Wie er sich bei Mathilden benahm, ihr Vertrauen zu gewinnen wußte, habe ich bereits erzählt.

Er gab seinen Befehlshabern in Rom von jedem Schritte, welchen er vorwärts that, genaue Nachricht, sie jubelten, als sie hörten, daß Mathilde eben ihn zum Gehülfen in ihrer Untersuchung wählte, sie staunten, als er ihnen berichtete, daß noch ein Zweig dieses verhaßten Stammes in Deutschland blühte, und daß dieser die so sehr gefürchteten Urkunden in Händen habe. Sie sammelten sich sogleich zum allgemeinen Rathe, und beschlossen, alle erforderliche Nachrichten von diesem deutschen Stamme einzuziehen.

Aus dieser Absicht sandten sie so gleich an den Abt eines schwäbischen Klosters einen Eilbothen, seine Treue und Anhänglichkeit

an das päpstliche Interesse war ihnen aus
Erfahrung bekannt, sie versprachen ihm die
damals von allen Klöstern so sehr gewünschte
Exemption von der Gewalt und Macht der
Bischöfe, sie gelobten, seiner bei verfallnem
Lehne zu gedenken, wenn er dagegen ihnen
treu und aufrichtig kund mache: Ob das
Geschlecht der Elsenburg in Schwaben An«
sehen und Macht besizze? Ob es sich zahl«
reich mehre? Gott und die Geistlichkeit in
Ehren halte, oder etwan verfolge?

Ehe noch Ritter Grimsaldi Mathildens
Burg verließ, kehrte der Eilbothe zurük, er
brachte Nachricht, daß das Geschlecht der
Elsenburg in Schwaben geehrt und geliebt
werde, jezt nur aus einem einzigen, unbe«
weibten Ritter bestehe, der Gott nicht hasse,
die Pfaffen nicht verfolge, aber auch nicht
liebe, und sich nur mit der Jagd beschäftige.

Diese Nachricht erregte um deswillen Freude in ihrem Herzen, weil sie es nur mit einem Einzigen zu thun hatten, aber diese Freude verminderte sich auch um ein Großes, als der Abt noch hinzufügte, daß der Ritter ein treuer Anhänger des geächteten Friedrichs sei, von seinen Nachbarn rings umher geehrt werde, und in jedem Falle, wenn man einen Anschlag auf ihn habe, nur List, aber keine öffentliche Gewalt räthlich sei.

Wie sie eben aufs neue über alles rathschlagen wollten, kehrte Grimsaldi zurük, er brachte die gestohlnen Schriften, aber auch die Nachricht mit, daß die Vergiftung Mathildens nicht gelungen sei, weil er, als er in der Ferne lauerte, durch einen rükgelaßnen Späher den unerwarteten Ausgang schon erfahren hatte.

Seine Gönner erzählten ihm jezt, was sie aus Deutschland vernommen hatten, und

Grimfaldi machte ihnen dagegen kund, wie Mathilde nächstens dahin abreisen werde, auch fest entschlossen sei, einem der deutschen Anverwandten ihre Hand zu reichen, und dann vereint mit ihm zu handeln.

Daß dieß verhindert werden müsse, war allen einleuchtend, wie es aber verhindert werden könne, die große und wichtigste Frage. Grimfaldi beantwortete sie zum Wohlgefallen aller.

Ich ziehe, sprach er, sogleich nach Deutschland, euch liegts ob, Mathildens Nachzug durch List und Trug wenigstens einige Monden lang zu verhindern. Es soll mir indeß nicht schwer werden, das Vertrauen des deutschen Ritters zu gewinnen, Liebe in seinem Herzen zu wecken, ihn so schnell als möglich zu beweiben und die Beweise seiner Abstammung zu entwenden, dann laßt Mathilden im Namen des Herrn nach Deutschland ziehen, ihre Reise kann und wird nichts fruchten, weil dem Ritter so wie ihr alle Beweise mangeln, Vereinigung mit beiden nicht mehr möglich ist, und Mathilde selbst ihre Ansprüche aufgeben muß, weil sie alsdann nur zum Vortheile des deutschen Ritters handeln würde, welchem immer als Mann der Vorzug zum Erbe gebührte.

Die Verbündeten fühlten das Gewicht von Grimfaldis Beweisen, sie traten alle seiner Meinung bei, weil wiederholte Anschläge auf Mathildens Leben sie leicht selbst in Gefahr stürzen könne, denn ihre Gewalt, ihr Ansehen war dazumal in Rom äußerst schwach, und Entdeckung, nur Argwohn einer solchen That hätte alles verderben müssen.

Grimfaldi ward also einstimmig zum Gesandten nach Deutschland erwählt, und ihm die größte Belohnung zugesichert, wenn er als glüklich Vollendeter rükkehren würde. Er nahm die stärksten und kräftigsten Empfehlungsschreiben an das Kloster, und die Verheissung mit sich, daß die so reizende Exemption von Lion aus bald nachfolgen sollte. Auch gab man ihm ein eben so schmeichelhaftes Sendschreiben an den Gegenkaiser Heinrich aus Thüringen, dessen er sich nach Wohlgefallen bedienen, und wenn etwan doch Gewalt räthlich und nöthig wäre, durch solches seinen Beistand und Hülfe heischen konnte. Alles ward klug und listig verabredet, würde sicher glüklich geendet haben, wenn die entschloßne Mathilde nicht eher, als man es vermuthete, nach Deutschland abgereist wäre. Wie Grimfaldi auch dahin zog, wollte man erst ihre Abreise verhindern, und erfuhr zum größten Erstaunen, daß diese wahrscheinlich schon erfolgt sei.

Welche Maßregeln man nun ergriff, wird die Folge dieser Geschichte deutlich erzählen, nur so viel muß ich noch erinnern, daß die Verbündeten nicht im Stande waren, Mathildens Zug durch öffentliche Gewalt zu hindern, weil sie schon, ehe sie ihn ahndeten, einige Tagereisen gewonnen hatte, die päpstlichen Reisigen sich nicht vorwärts und unter das kaiserliche Heer wagen konnten, das allen Kriegern die Wege verlegte.

Um ohne Argwohn und Aufsehen das kaiserliche Heer, und die mit seinem Führer verbundnen Länder zu durchziehen, hatte sich Grimsaldi, der damals schon fünf und vierzig Lebensjahre zählte, in eine Mönchskutte gehüllt, sein dikker Wannst widersprach der Kleidung nicht, und da er sich gleich einem Mönche auch Haar und Bart verschnitt, so zweifelte niemand, wenn er sich Bruder Elias nannte, und ließ ihn ungehindert ziehen.

Da er auf einem Esel ritt, sein Zug langsam ging, so wars sehr natürlich, daß Mathilde, wie die Folge beweisen wird, ungeachtet ihres Aufenthalts am kaiserlichen Hofe, früher als er in Deutschland anlangte. Er ahndete dieß nicht, und nahm seinen Weg nach dem Kloster, wo er als ein geheimer päpstlicher Legat mit größter Freude und Ehrfurcht empfangen wurde.

Die neuen Nachrichten, welche er hier von dem Ritter von Elsenburg sammelte, waren nicht sehr angenehm, man erzählte ihm, daß er nichts als ein rüstiger Jäger und ein erklärter Weiberfeind sei. Einer der Pfaffen hatte sich auf des Abtes Befehl nach seiner Burg gewagt, war von ihm äuserst kalt, von den Weibern um so freundlicher empfangen worden. Hermella vertraute diesem so gar, daß sie ihre äußerst schöne Tochter für den Ritter bestimmt habe, diese heftige Liebe zu ihm fühle, aber ganz an einem glüklichen Erfolge verzweifle.

Grimsalbi — den ich künftighin wieder Bruder Elias nennen werde — dankte für diese Nachrichten, weil sie ihn nicht schrekten, er versicherte, daß er sich auch in Mönchskleidung bei dem Ritter beliebt machen, und dann sein kaltes Herz schon erwärmen wolle. Da man zu Rom versprochen hatte, ihm von allen Vorfällen sogleich ins Kloster Nachricht zu ertheilen, so nahm er mit dem Abte Abrede, daß er ihm alles

durch vertraute Bothen auf die Veste nach-
senden solle, und zog nun mit der Hoffnung
dahin, daß er durch List und Klugheit seinen
Entzwek erreichen werde. Er spähte einige
Tage nahe an der Veste umher, bis er des
Ritters Thun und Lassen genauer erforscht
hatte.

Wie und auf was Art er sich bei dem
Ritter introduzirte, ist aus dem ersten Theile
dieser Geschichte hinlänglich bekannt. Ihm
ward, als er die Veste bespähte, durch einen
Landmann kund, daß der Ritter im Forste
einen Bären belauere, er ließ sich nach der
Gegend leiten, und begann straks zu handeln.
Seine verstellte Furchtsamkeit sezte die Herz-
haftigkeit des muthigen Benno in ein helle-
res Licht, er fühlte sich dadurch geehrt und
schenkte dem Mönche, was dieser so herzlich
wünschte, seine Gewogenheit und Zuneigung.

Daß er, als er in Geſellſchaft des Rit‑
ters auf der Veſte anlangte, ſogleich eifrig
zu Agneſens Vortheil arbeitete, und den
Ritter zur Liebe bewegen ſuchte, beweiſen
alle ſeine damaligen Handlungen und Reden.
Aeußerſt unangenehm, und ſeinem Plane
ganz widerſprechend, war ihm daher Bennos
jäher Entſchluß zur Reiſe. Er hatte noch
nicht einmal Zeit gewonnen, nach den Schrif‑
ten umher zu ſpähen, und wollte doch auch
eben ſo wenig den Benno allein reiſen laſſen,
weil dieß ſeinen zweiten Plan ganz zerrüttet
hätte, und er ſicher hoffen konnte, den wirk‑
lich ſchon liebenden Ritter zur baldigen Rük‑
kehr zu bewegen.

Schon glaubte er ſich am Ziele ſeines
erſten Wunſches, als Benno zwar ohne ihn
abreiſte, aber bald nachher den Schlüſſel
zu ſeinem geheimen Wandkaſten ſandte, er

vermuthete ganz natürlich, daß in diesem, oder doch wenigstens in Bennos Gemache die Schriften aufbewahrt würden, er hatte seiner Meinung nach, volle Gelegenheit alles zu durchspähen, aber Hermellens Geiz und Vorsicht vereitelte seine ganze Hoffnung, und stürzte den listigen Elias in die gefährlichste und schrecklichste Lage. Denn die folgende Begebenheit, deren ächte Ursache ich damals schon aufrichtig erzählte, lag ganz außer seinem Plane und Wirkungskreise, er konnte es nicht hindern, als man ihn für Bennos Mörder achtete, und würde auf die Folter wahrscheinlich alles, was er wußte, bekannt haben, wenn ihn nicht die unvermuthete und eben so zufällige Ankunft des Enzius noch glüklich erlöset und gerettet hätte.

So angenehm ihm, von dieser Seite betrachtet, die Ankunft des Enzius seyn mußte, so war sie auf der andern doch neuer Stoff zu Sorge und Kummer. Er muthmaßte mit Recht, daß Enzius ein Abgesandter des Kaisers sei, wahrscheinlich in Mathildens Namen die verhaßten Schriften von Ritter Benno fordern und abholen sollte.

Obgleich diese Vermuthung viele Wahrscheinlichkeit zum Grunde hatte, so war sie doch ganz falsch. Ritter Enzius war, wie bekannt, Mathilden nachgezogen, er hatte sie in der Grafschaft Toggenburg nicht mehr getroffen, folgte ihr nach Schwaben, und gerieth unter die Späher des Thüringer Landgrafen, die ihn, wie ich schon erzählte, bald gefangen genommen hätten, denen er nur mit Mühe entrann. Er war von der Geburt und dem Range des Eisenburg durch seinen Vater nicht unterrichtet worden, er ahndete beides nicht, hatte nur erfahren, daß dieser ein treuer Anhänger seines Vaters sei, und eilte nach seiner Veste, um sich dort einige Zeit vor Verfolgung zu schützen, sein zerstreutes Gefolge durch ausgesandte Bothen zu sammeln, und dann wieder Mathilden aufzusuchen, von welcher er nur überzeugt war, daß sie in Schwaben die Beweise ihrer Abstammung erheben würde. Er sah die schöne Agnes, und vergaß Mathilden. Er liebte die erstere wirklich mit dem heftigsten Jugendfeuer, würde sie wahrscheinlich, ohne Rüksicht auf seines Vaters weitern Aussichten, geheurathet haben, wenn nicht andre Zufälle alles verhindert hätten.

Wie der rükkehrende Benno dem trauernden Elias die Liebe des Enzius zu Agnesen entdekte, da vermuthete dieser abermals andre versteckte Pläne, er glaubte nun, daß der listige Enzius sich absichtlich mit Agnesen und dadurch mit dem Elsenburgischen Stamme verbinden wolle, um das große Erbe an sich zu reissen. Er müßte sich daher wacker des Benno Liebe und Eifersucht anzufachen, um den Plan des Enzius zu vernichten, und diesen zur Abreise zu zwingen. Er wünschte diese um so mehr, weil er nicht gewiß war: Ob ihn Enzius, der ihn oft zu Rom gesehen hatte, nicht ungeachtet seiner Verkleidung erkennen würde? Sehr kam es ihm daher zu statten, daß er, was er längst nicht mehr fühlte, über die Folgen des ausgestandnen Schreckens klagen, und sein Lager hüten konnte. Als aber die Eifersucht des Benno einen ganz andern Weg wählte, ihn zu einer zweiten Flucht aus seiner Veste verleitete, so blieb dem Ellas abermals keine andre Wahl übrig, als mit zu ziehen, um seine Liebe zu Agnesen zu nähten, ihn zur baldigen Rückkehr zu bewegen, und den möglichen Plan des Enzius zu hindern.

Wie sie auf diesem neuen Zuge die erste Herberge erreichten, traf dort Elias einen Bothen des Abts, der ihm ein Schreiben aus Rom überbrachte, welches erst kürzlich durch einen Eilbothen angelangt war. Ritter Benno gab seinen Gedanken im Freien Gehör, hinderte den Elias nicht, das Schreiben zu öffnen, und den Inhalt ingeheim zu lesen. Alle Verbündete berichteten ihm, daß man nach reiflicher Ueberlegung erst eingesehen habe, daß die Mitwirkung zu einer Heurath des Ritters mehr schädlich als nützlich sei, in jedem Betrachte durch Vermehrung des verhaßten Stammes der Kirche nachtheilig werden müsse, wenn man nicht den Ritter durch List und Trug dahin vermöge, eine

Uneble, nicht Lehns und Ritterbürtige zu heurathen, um dadurch seine Kinder und ihre Zweige durch eine lange Reihe von Jahren zum Erbe des ritterlichen, mathildischen Lehns unfähig zu machen. Diese einzige, nüzliche Absicht nun mit Nachdruk zu bewirken, habe man den neuen Kaiser Heinrich von Thüringen, als einen treuen Anhänger des päpstlichen Hofes, von dem ganzen geheimen Plane unterrichtet, weil dieser, da er jezt mit einem Heere in Schwaben stehe, mit Kraft und That in jedem Falle handeln könne. Man achte es daher für nöthig und nüzlich, ihn von diesem Entschlusse ebenfalls zu unterrichten, damit er sich unverweilt ins Lager des neuen Kaisers verfüge, sich mit ihm darüber bespreche, und seines Rathes achte.

Elias war über diese Nachricht äuserst betroffen. Wenn sie, sprach er, mit gerechtem Mißmuthe, erſt überlegen wollen, da ich ſchon handle, ſo entſage ich aller Theilnahme, kehre zurük, und will dann ruhig zuſehen, wie ſies mit ihrer klugen und langſamen Ueberlegung vollenden werden.

Der Bothe, welcher ein verkleideter Mönch und überdieß ein Vertrauter des Abts war, bat ihn, nicht zu raſch zu handeln, und zu hören, was man in der Eile ſchon vorbereitet habe. Der neue Kaiſer, erzählte er nun, fand ſich durch das Vertrauen des römiſchen Hofes ſehr geehrt, er kam mit dem nehmlichen Bothen, welcher dieß Schreiben an euch abzugeben hatte, in unſer Kloſter, er unterredete ſich mit dem Abte über die Möglichkeit der Ausführung des vorgeſchriebnen Planes, und da es ihm eben beifiel, daß einer ſeiner nicht edlen Vögte in Thüringen eine ſehr ſchöne und äußerſt reizende Tochter habe, ſo ward ſogleich nach dieſer geſandt —

Elias. (mit Spott) Und nun soll sich der Ritter auf der Stelle in ihre Schönheit vergaffen, sie eben so schnell ehlichen?

Der Bothe. Dieß wünscht man! — —

Elias. Ich wünsche auch, Papst zu werden, aber ich sehe keine Möglichkeit zur Befriedigung meines Wunsches.

Der Bothe. Legt den Spott ab, er kleidet den Mann nicht, welcher alles unternehmen, alles ausführen kann, wenn er nur Lust und Belieben dazu hat. So, wie wir vernommen haben, seid ihr in dieser kurzen Zeit schon Vertrauter und Rathgeber des Ritters geworden, wahrscheinlich zieht ihr jetzt mit ihm aus, um ein Weib zu suchen, in einigen Tagen erwarten wir die Dirne im Kloster, führt ihn dann zu uns, wie werden sie für die reichste Erbtochter des edelsten Ritters in ganz Thüringen ausgeben, und ihr — — —

Ellas. Verschwendet nicht die kostbare Zeit mit unnöthigem Gewäsche, laßt euch die Lage der Sache erzählen, und gebt dann Rath, wenn ihrs vermögt.

Ellas erzählte ihm nun alles, was sich unter der Zeit auf der Weste zugetragen hatte, wie er eifrig bemüht war, den Ritter in Agnesens Liebesnez zu verwikkeln, wies ihm vollkommen gelungen wäre, wenn die Ankunft des Enzius nicht alles vernichtet hätte, der nun sicher Agnesen heurathen würde, um in ihrem Namen mit den gültigen Beweisen in der Hand das Erbe ansprechen zu können. Urtheilt nun selbst, fuhr er in seiner Erzählung fort, ob wir nicht zu Gunsten des Enzius handeln, wenn wir den nähern Erben unfähig machen, gegen ihn aufzutreten?

Der Bothe. Hart, sehr hart, aber deswegen noch nicht unmöglich! Der neue Kaiser ist von der Ankunft des Enzius unterrichtet. Er späht aller Orten nach ihm umher, jezt da er seinen Aufenthalt durch euch erfährt, wird er gewiß nicht säumen, ihm den Rükweg so zu verlegen, daß er samt seinem neuen Weibe und den Beweisen ihrer Geburt in seine Hände fallen muß. Wenn wir nun indeß den Plan mit dem Ritter ausführen, ihn des Erbes unfähig machen, so endet alles glüklich, und wir sind des herrlichsten Sieges gewiß.

Elias. Baut nur auf Möglichkeit und wahrscheinliche Hoffnung, dann wird euer Gebäude bald zusammenstürzen, ihr gaffend da stehen, und ausrufen: Wer hätte dieß gedacht! Enzius ist ein schlauer Fuchs, ihm ist kein Loch zu enge, um durch zu wischen. Er sizt jezt ruhig auf einer wohlverwahrten Veste, die der neue Kaiser nicht antasten darf, wenn er nicht alle schwäbische Ritter auf den Nakken haben will. Er wird abziehen, wie er eingezogen ist, und dann habt ihr das leere Nachsehen.

Der Bothe. So siege List, wenn Gewalt nichts nüzt. Ehe drei Tage vergehen, ist Agnese in unsrer Gewalt, dafür bürge ich euch mit meinem Kopfe, sie wandelt jeden Morgen nach einer Kapelle, welche außerhalb der Veste liegt, vier Männer führen die Schwache von dannen, und dann kann Enzius die alte Hermella heurathen, wenn er Antheil am Erbe haben will.

Ellas. Dieß wäre etwas, wenn ihr wirklich dafür bürgen könnt.

Der Bothe. Ich vermags!

Ellas. Aber dieß hebt meine mißliche Lage doch nicht. Ich war bisher bei dem Ritter Agnesens eifriger Vertheidiger, ich suchte seine schlummernde Liebe auf alle mögliche Art anzufachen. Es gelang, indeß ich hier mit dir spreche, kämpft Eifersucht schreklich mit ihm.

Der Bothe. Dann hast du ja gewonnen Spiel, fache sie stärker an, und du bist Sieger.

Ellas. Leicht gesagt, aber schwer vollbracht.

Der Bothe. Wärst du des vollen Vertrauens des ganzen römischen Hofes wohl würdig, wenn das Unternehmen ein bloßes Kinderspiel wäre? Je stärker die Hindernisse sind, je größer muß der Lohn des Siegers seyn.

Elias. (nachdenkend) Eile heim, und vollziehe, was du versprochen hast, in drei Tagen erscheine ich mit dem Ritter in eurem Kloster, und dann sollt ihr sehen und staunen: Was Grimsaldi vermag, wenn man seinen Ehrgeiz reizt? Unterrichtet mich aber schleunig von jedem neuen Vorfalle, damit ich am Ende nicht mit all meiner Klugheit scheitere. Eure Bothen werden mich allemal auf der Straße nach eurem Kloster treffen.

Der Bothe eilte nun fort, und Elias hielte mit seinem Verstande Rath, wie er mit einmal Agnesens Liebe aus des Ritters Herzen tilgen könne. Einige Knechte saßen schlafend in der Herberge, die übrigen lagerten im Freien, er schlich hinaus, sah den Ritter unter einer Eiche sitzen, und erzählte ihm nun die ganze Geschichte, welche die keusche Agnes zur schändlichen Buhlerin des Enzius herabwürdigte.

Diese Erzählung hatte zwar die gehoffte Wirkung, aber Elias sah zu spät ein, daß er sich durch solche in kein vortheilhaftes Licht gesezt, und das ganze, so nöthige Vertrauen des Ritters durch die erdichtete Theilnahme an dem Betruge verlohren habe. Er verließ den Ritter, und brütete über einen neuen Anschlag, wodurch er das Versehen wieder gut machen könne. Als endlich die erwachten Knechte nach ihrem Herrn forschten, ging er mit ihnen, um ihn zur Abreise zu mahnen.

Der verächtliche Blik, welchen Benno jezt auf ihn warf, überzeugte ihn nochmals aufs deutlichste, daß er durch seine zu rasche Handlung alles verlohren habe. Der Ritter sprach auf der weitern Reise kein Wort mit ihm; um ihm Rede abzugewinnen, stellte sich Elias furchtsam, wollte, als es schon dämmerte, nicht durch den nahen Forst ziehen, aber Benno, der doch, auf Bitten dieser Art Rüksicht zu haben, feierlich gelobt hatte, zog ungehindert fort, und gebot dem furchtsamen Schwäzzer Stillschweigen. Dadurch ward nun Elias vollends belehrt, daß er ihn hasse und verachte. Ohne sich lange zu bedenken, faßte er den kühnen Entschluß, dem Ritter die ganze Erzählung abzuläugnen, wenigstens dreust zu behaupten, daß er nicht Erzähler, folglich auch nicht Theilnehmer des Bubenstüks war.

Er hoffte diesen Entschluß mit Wahrscheinlichkeit auszuführen, weil sich der tiefsinnige und eifersüchtige Ritter in einem Zustande befand, der Träume dieser Art möglich mache. Die ganze Erzählung in einen Traum zu verwandeln, war daher der feste Vorsaz, mit welchem er zu handeln begann.

Wie er ihn ausführte, beweist der erste Theil dieser Geschichte, er mußte stärker kämpfen, als er vermuthete, mußte, um des Ritters Wuth zu dämpfen, die Knechte zu Zeugen rufen, die freilich des Elias Aussage bestätigten, ihn immer, wenn sie wachten, in der Herberge sahen, aber nicht wähnten, daß sie länger als eine Stunde geschlafen hatten. Durch ihre einstimmige Aussage gewann er nun freilich viel, aber es gelang ihm doch nicht, den Ritter zu überreden, daß die ganze Geschichte nur ein Traum, oder wenigstens er nicht der Erzähler derselben war. Es blieb ihm nun nichts anders übrig, als die ganze Geschichte für ein Wunder zu erklären, dreist zu behaupten, daß ein böser Geist seine Gestalt angenommen, mit dieser den Ritter wahrscheinlich so schreklich geäffet habe.

Wie er wahrnahm, daß diese Ausflucht bei dem Ritter Glauben fand, er dadurch sein Vertrauen wieder gewinnen, und doch auch seine Absicht erreichen konnte, so fand ers für höchst nöthig, diesen Glauben so bald als möglich zu bestärken, und in Gewißheit zu verwandeln.

Als Ritter Benno, wie er schon im Walde lagerte, nochmals fest behauptete, daß ihm nach aller Erforschung seiner Erinnerungskraft die Geschichte ewig merkwürdig bleiben werde, Elias entweder der Erzähler war, oder ein Geist seine Gestalt nachgeahmt habe, so erfand und erdichtete dieser zur Bestätigung des leztern die ganze Begebenheit, welche sich, seiner Aussage nach, die folgende Nacht mit ihm zugetragen haben sollte. Er ließ in dieser Erzählung seine eigne, so wie auch Agnesens Gestalt doppelt auftreten, er mengte Dolch und Strikke darein, um vorzüglich durch den erstern seine wunderbare Erzählung beweisen zu können.

Ritter Benno hatte diesen Dolch, als er den Elias auf der Veste am Tage vor seiner Abreise besuchte, im Gemache desselben verlohren, Elias hatte ihn damals ohne weitere Absicht als eine stets nüzbare Sache zu sich gesekt, er legte ihn jezt nebst einigen Strikken neben dem schlafenden Ritter, und hoffte nun mit Zuversicht, daß der Ritter der Erzählung Glauben beimessen werde, wenn er auf seiner Lagerstätte einen Dolch wieder fände, welchen er doch aller Erinnerungskraft und Ueberzeugung gemäß, nicht mit sich genommen hatte.

Die That gelang vollkommen, der so geringe Beweis des Dolches überzeugte den Ritter ganz von der Gegenwart eines Geistes, und der noch geringere zufällige, leicht von dem listigen Elias voraus zu sehende Beweis, daß Agnese den verliebten Ritter im Traume geküßt habe, machte den Arglosen fähig, an Wunder zu glauben.

Elias gewann dadurch mehr, als er anfangs selbst wähnte, er konnte nun durch Wunder ungehindert auf die erhizte Einbildungskraft des Ritters wirken, und solche

Wirkung entspricht, wie er oft in Rom gesehen hatte, dem Entzwekke allemal vollkommen.

Aber dieß war noch nicht aller Gewinn,
den er aus diesem so vortheilhaften Zufalle
ziehen wollte, und der schon die vorige Nacht
seine Einbildungskraft angenehm beschäftigte.

Sein Plan zielte auf das Verderben des
Ritters ab, es war möglich und auch wahrscheinlich, daß dieser, ehe er vollführt wurde,
entdekt würde, und ihm leicht, da er immer
dem Ritter zur Seite stand, äußerst nachtheilig werden könne. Er wollte sich jezt,
weil so herrliche Gelegenheit dazu vorhanden
war, für diesen so möglichen, und geschehli-
chen Fall sichern, einen Pfad bereiten, auf
welchem er jedesmal der Entdekkung sicher
entfliehen könne. Aus dieser Absicht stellte

er sich jezt, als ob er den Ritter auf immer verlassen wolle, um dann wieder zu kehren, neuen Abschied zu nehmen, abermals zu erscheinen, und dann durch kekstige Beweise den Ritter zu überzeugen, daß er vorher nicht bei ihm war, sondern der Geist nur seine Gestalt angenommen habe, und er auf diese Art ganz unschuldig sei, wenn dieser etwan unter dieser Gestalt Handlungen begehe und übe, welche dem Ritter schädlich und nachtheilig seyn könnten. Kurz und deutlicher zu seyn: Elias wollte die Sache so verwirren, damit er bei jeder möglichen Entdekkung dreust behaupten könne, daß nicht er, sondern der Geist, als sein zweites Ich, dieses oder jenes gesagt und gethan habe.

Sehr angenehm wars dem Listigen, wie der treuherzige Ritter beim Abschiede ein geheimes Kennzeichen, durch welches er ihn bei einer möglichen Zusammenkunft, wieder erkennen wolle, von ihm forderte. Elias erhielte durch dieses freies Spiel, er durfte nur das Zeichen nicht machen, so war dann der betrogne Ritter überzeugt, daß der Geist mit ihm wandle, und wirklich die Gestalt des Elias äußerst täuschend nachzuahmen verstehe.

Elias hatte, ehe er schied, sowohl dem Ritter, als auch den Knechten die Straße bezeichnet, auf welcher sie vorwärts ziehen sollten, er war also gewiß, daß er alle auf dieser wieder finden würde, und wollte erst zur Nachtzeit rückkehren, wenn nicht ein neuer Zufall seine Ankunft beschleunigt hätte.

Ein Bothe, der ihn angstvoll suchte, weil er ihn unter dem Haufen des Ritters nicht

erblikte, und endlich zechend in der Her,
berge fand, brachte ihm vom Abte die
unerwartete Nachricht, daß aller Vermuthung
nach die Gräfin Mathilde Frangipani aus
Italien am vorigen Abende nahe beim Klo=
ster vorübergezogen sei. So unmöglich dieß
dem Elias schien, so überzeugte ihn doch der
Bothe durch die Beschreibung, welche er
von der Kleidung und dem Gesichte der frem=
den Dame machte, nicht allein von der Mög=
lichkeit, sondern auch von der Wahrscheinlich=
keit ihrer Ankunft. Er verwünschte ohne
Schonung die trägen Karbinäle zu Rom,
welche ihm verheissen hatten, den Zug der
Mathilde wenigstens zwei Monden zu hindern,
ihm nun nicht einmal Nachricht gaben, als
sie ihn schon vollendet habe. Da Mathilde
am Abende eben die Straße aufwärts zog,
auf welcher er den Ritter abwärts gesandt
hatte, so wars sehr wahrscheinlich, daß beide

Ziehende sich begegnen, durch ein zufälliges Gespräch alles entdekken, und den ganzen Plan auf immer vernichten könnten.

Elias eilte also mit dem Bothen straks vorwärts, er nahm Wein mit sich, um die Wirkung desselben bei jeder Gelegenheit benuzzen zu können. Er blikte froh und zufrieden durchs Gebüsch nach dem Ritter hin, und schloß sogleich aus der Trauer, die sein ganzes Gesicht beherrschte, daß unter der Zeit seiner Abwesenheit nichts wichtiges erfolgt sei. Er vollzog nun seinen Plan, stellte sich, als ob er das verabredete Zeichen nicht kenne, und gerieth dadurch in eine äußerst gefährliche Lage, die sein Scharfsinn leicht hätte voraussehen können, aber durch allzu stolzen Eigendünkel betrogen, doch nicht voraussah. Er duldete die Riemenstreiche des prüfenden Ritters mit heroischem Muthe, er beschloß lieber zu sterben, als seinen Betrug zu verrathen. Sein ganzer Plan war auf die Gewißheit gebaut, daß die Müden in der Nacht alle schlafen, und es ihm leicht gelingen würde, sich unter dieser Zeit zu entfernen, um am Morgen als der ächte Elias erscheinen zu können, aber seine ganze Hoffnung schien zu scheitern, wie der Ritter ihn zu binden, und streng zu bewachen befahl. Hätte der starke Wein, den er absichtlich mit brachte, und den die Wächter fleissig tranken, nicht die Vorsicht des Ritters vereitelt, und den folgenden Betrug möglich gemacht, so würde der allzu Listige sich diesmal in seiner eignen Falle gefangen haben.

Wie er sich am Morgen aus seiner gefährlichen Lage rettete, habe ich im ersten Theile schon erzählt, nur muß ich hier hinzufügen, daß Elias aus weiser Vorsicht Mathildens Gestalt in seiner Erzählung beschrieb, sie absichtlich als eine Zauberin, die alles dieses Unheil stiftete, schilderte, damit Ritter Benno, wenn er ihr auf der Straße begegnen sollte, sie als diese fliehen, ihr nicht Rede stehen, und auf diese Art die so mögliche Entdekkung selbst verhindern möge.

Elias war herzlich vergnügt, als er nun den Ritter von allem vollkommen überzeugt hatte, aber er dankte auch eben so innig dem glüklichen Ungefähr, das ihn aus der großen Gefahr errettete, und beschloß sich nie mehr in eine ähnliche, zu wagen.

Mit diesem Entschlusse beschäftigt, leitete er den Ritter, wie er verheißen hatte, nach dem Kloster, aber die heimlichen Blikke und Winke der Mönche überzeugten ihn sogleich, daß wichtige Dinge sich ereignet hätten, welche das ganze Vorhaben hindern würden. Er sonderte sich, so bald es möglich war, von dem Ritter, und hörte mit Erstaunen der Erzählung der Mönche zu.

Um über diese helles Licht zu verbreiten, sie in allen ihren Theilen zu enthüllen, muß ich vor allem auf Bennos Veste rükkehren, und nachholen, was sich dort indeß zugetragen hatte. Enzius liebte die schöne Agnese nach der Abreise des Benno noch immer mit der größten Heftigkeit, er erklärte der Mutter, daß er sie heurathen wolle, erhielte wirklich ihre Einwilligung und das Versprechen, daß sie schleunige Anstalt zur Hochzeit machen würde. Enzius suchte seine Geliebte den ganzen Tag vergebens.

Die betrogne Agnes, welche den Enzius nicht liebte, nur durch ihn den geliebten

Ritter zum Bekenntniſſe reizen wollte, beweinte auf ihrem Lager den unglüklichen Ausgang ihres Plans und die Abreiſe des Ritters, ſie verweigerte dem nun ganz gehaßten Enzius, als der Urſache ihres Unglüks, den Zutritt in ihr Gemach, und ſchüzte Krankheit vor. Jammernd und verzweifelnd rang ſie ihre Hände, als ihr die Mutter am andern Tage kund machte, daß ſie die Verlobte des Enzius ſei, ihn als ihren Bräutigam dieſen Tag über bewirthen ſolle, weil ſie ausziehe, um die nöthigen Zeugen zur Hochzeit zu laden. Alle Einwendungen, ſelbſt das rührende Flehen der Tochter machte keinen Eindruk auf das Herz der Mutter, Stolz und Ehrgeiz blendeten es, ſie ſchied mit der Verſicherung, daß ſie Gehorſam erwarte, und ſie in jedem Falle dazu zwingen würde.

Die troſtloſe Agnes nahm nun ihre Zuflucht zu der Großmuth des Enzius, ſie bestürmte sein Herz mit der innigsten, rührendsten Bitte, sie nicht gränzenlos unglüklich zu machen, und suchte ihn — als dieß nicht wirken wollte — ganz zu überzeugen, daß unauslöschlicher Haß, ewige Verachtung der erzwungnen Liebe Lohn seyn würde.

Diese Vorstellung siegte, der beleidigte Stolz des Enzius dämpfte mächtig die flammende Liebe, und überwand sie bald, er versicherte mit stolzen Worten die Flehende, daß er sie nicht zwingen wolle, gränzenlos unglüklich zu werden, und daß der Sohn eines mächtigen Kaisers Macht genug besitze, eine Liebe aus seinem Herzen zu tilgen, die seiner ganz unwürdig sei, ihm wahrscheinlich die Gnade seines erlauchten Vaters geraubt hätte. Schon war er fest entschlossen, dieß der rükkehrenden Mutter ebenfalls kund zu thun, und dann die Veste zu verlassen, als einer seiner Getreuen ihm meldete, daß eben der größte Theil seines zerstreuten Haufens auf der Veste angelangt sei, und einen Bothen in seiner Mitte führe, der ihm wichtige Nachrichten von dem Kaiser überbringe.

Er eilte hinab, empfing das väterliche Schreiben, und las seinen Inhalt. Der Kaiser gebot ihm aufs neue, alles anzuwenden, um Mathildens Liebe zu gewinnen; und dann so eilend als möglich nach Italien rükzukehren, weil er gegründete Hoffnung habe, ihn mit der Insel Sardinien belehnen zu können. Gelingt dirs nun, endete der Vater, Mathildens Erbe ebenfalls zu erringen, so hat dir die Liebe des Vaters ein Reich gegründet, dessen sich kein Königssohn schämen darf.

Eben wollte er überlegen, wie er das noch nicht angefangne Werk schnell vollenden könne, als seine Reisigen ihm erzählten, daß sie ungefähr zwei Tagreisen von hier dem Zuge der Gräfin Frangipani begegnet wären, und sich hoch gewundert hätten, sie in Deutschland zu sehen. Enzius gab nun sogleich Befehl zur schleunigen Abreise, sein Herz blutete noch, sein Auge thränte unwillkührlich, wenn er an Agnesen dachte, aber Stolz und Ueberzeugung, daß er nie siegen würde, bestimmten seinen Entschluß, er sah sie nicht mehr, und schied von der Mutter mit der Versicherung, daß er morgen schon wiederkehren würde, weil er ihre Vorwürfe ahndete, und solche gerne abwenden wollte.

Schon am Mittage war er so glücklich, Mathilden, welche eben nach der Veste Elsenburg ziehen wollte, auf der freien Heerstraße zu treffen. Sie erkannte ihn, und lagerte auf sein dringendes Bitten mit ihm abseits.

Er entdekte ihr nun ohne viele Umschweife den Willen seines Vaters, und hoffte zuversichtlich, daß sie solchen mit Danke ehren, ihn ohne Weigerung erfüllen würde.

Dieser stolze Antrag erbitterte Mathildens Herz, und füllte es mit Ingrimme, sie gedachte in diesem Augenblikke nicht, daß der Schuz des Kaisers ihr höchst nöthig sei, sie sah nur den stolzen Knaben vor sich stehen, und beantwortete seinen Antrag mit vieler Verachtung, ging in ihrem Zorne so weit, daß sie ihm Vorwürfe über seine Geburt machte, und eben dadurch zu beweisen suchte, daß er ihrer Liebe ganz unwürdig sei.

Enzius fühlte diese unverdiente Beleidigung tief, Rache tobte in seinem Herzen, durchwallte seine Adern, er beschloß sogleich, die Stolze zu bemüthigen, und ihre Verachtung in Bitte zu wandeln. Der kühnste, rascheste Entschluß ist allemal der gefährlichste, sehr oft aber auch der glücklichste.

Mathildens Begleiter hatten ihre Rosse abwärts nach einem Bache zur Tränke geleitet, nur wenige lagerten am Boden, die seinigen harrten zugfertig an der Straße, er winkte ihnen, auf sein Gebot ergriffen sie die sträubende Mathilde, hoben sie auf ein Roß, und flohen mit ihr von dannen, ehe ihre wenigen anwesenden Getreuen den Raub zu ahnden wagten. Enzius erreichte auf diese Art mit seiner Beute ungehindert einen großen Forst, und jagte nun, gedekt durch seine Bäume, rastlos mit ihr fort; er vermied, um die Nachfolger irre zu führen, die gebahnte Straße, und sah sich am Abende aller Gefahr entrissen, weil Mathildens Getreuen wirklich nicht folgten, sie auf einer andern Straße suchten. Als er am Abende lagerte, fragte er abermals die noch immer staunende Mathilde: Ob sie jezt die Folgen ihres Stolzes einsehe, ihn bereue, und seinen Antrag hören wolle?

Mathildens Herz ließ sich von jeher durch Zwang und Drohung nicht beugen, sie antwortete noch immer im vorigen Tone, ward noch heftiger, als der Kühne mit Zwang zu erlangen drohte, was er vorher nur zu bitten wagte. Da er aus ihren Reden zu schließen glaubte, daß sie die Beweise ihrer Geburt schon mit sich führe, so achtete er es für gefährlich, ihr Freiheit zu schenken, sah aber auch eben so gewiß ein, daß er sie nicht gefangen mit sich nach Italien führen könne, weil des Afterkaisers Haufen überall umherstreiften, und die biedern Deutschen selbst ihm die gefangne Dame entrißen hätten, wenn sie — was sicher zu vermuthen war — als eine unschuldige Gefangne im Vorüberziehn ihre Hülfe geheischt hätte.

Er wankte zwischen vielen Entwürfen unentschloßen umher, endlich blieb der Entschluß fest, daß er sie nach der nahen Veste des alten Emmerfelds, der sein Freund zu seyn geschworen hatte, führen, und diesem als sein entflohnes Weib zur treuen Verwahrung übergeben wolle. Auf der Flucht vor den Nachspähern des Thüringer hatte er oft auf dieser Veste geherbergt, war von der strengen Redlichkeit des biedern Alten überzeugt worden, und konnte mit Zuversicht hoffen, daß dieser sie keinem ausliefern würde, wenn er seinen Handschlag zum Unterpfande empfangen habe. Die Ausführung dieses Plans habe ich bereits im ersten Theile erzählt, sie gelang vollkommen.

Der biedere Emmersfeld traute den glatten Worten des Enzius, verwahrte Mathilden als sein entflohnes Weib, und schwur ihm in frommer Einfalt einen theuern Eid, daß er die Gefangne nur demjenigen übergeben wolle, welcher ihm einen Ring, demjenigen ganz ähnlich, welchen Enzius dem Emmersfelde zurückließ, überbringen würde. Diese zwei Ringe, welche, wenn man sie zusammenhielt, sich genau in einander fügten, waren ein seltnes Kunststük, und ein Geschenk des Kaisers Friedrich, welches er ehemals der geliebten Mutter des Enzius gemacht, und dieser von ihr geerbt hatte. Er war gewiß, daß keiner einen derselben in Deutschland nachzuahmen verstehe, und konnte also sicher darauf bauen, daß die Gefangne in keine unrechten Hände ausgeliefert würde.

Enzius zog nach vollbrachter That sogleich nach Italien fort, um des Kaisers Willen zu vollziehen, und ihm zugleich den Bericht zu erstatten, daß er seinem Auftrage getreu, die stolze Mathilde, welche seine Bitte verachtete, indeß einem treuen Freunde zur Verwahrung übergeben habe, und nun seines weitern Entschlusses gewärtige. Er hoffte über diese rasche That den Beifall des Vaters zu ernden, aber der gerechte Kaiser mißbilligte sie höchlich, wie die Folge lehren wird.

Der lezte Theil dieser Geschichte war den Mönchen sogleich kund worden, sie erzählten solchen dem Elias und behaupteten zugleich, daß nun ihr ganzer Plan vernichtet sei. Elias widersprach, staunte aber bald, als sie hinzufügten, wie sie überzeugt zu seyn glaubten, daß der schlaue Enzius nicht allein

Mathilden, sondern auch die Beweise ihrer Geburt in Händen habe, beides zu seinem Vortheile benutzen werde.

Elias. Auf welche Beweise gründet sich diese häßliche Vermuthung?

Der Abt. Auf viele, und leider sehr sichere. Hört und urtheilt: Diesen Morgen langte endlich die freilich allzu späte Nachricht aus Rom durch einen zweiten Ellboten an, daß man Mathildens Abreise nach Deutschland nicht habe hindern können, weil sie zu gleicher Zeit mit euch abreiste, schon zu weit entfernt war, um sichere Gewalt zu gebrauchen. Ich soll euch, schreibt man mir, dieß nicht allein schleunigst kund machen, sondern auch hinzufügen, daß Mathilde einige Tage am kaiserlichen Hofe verweilte, oft mit dem Kaiser sprach, und von ihm sehr gnädig behandelt wurde.

Elias. Hm! Hat nichts zu sagen!

Der Abt. Auch dieß nicht, daß einige Tage nachher der Kaiser seinen geliebten Sohn Enzius ihr mit geheimen Aufträgen nachsandte?

Elias. Wirklich?

Der Abt. So schreibt man ausdrüklich. Folge nun der Reihe meiner weitern Schlüsse, prüfe sie, und entscheide: Dieser nachgesandte Enzius erscheint in schneller Eile auf der Elienburgischen Veste, fordert Schuz, erhält ihn, heuchelt Agnesen Liebe, heischt von der Mutter ihre Hand, verläßt mit einmal Braut und Veste, verspricht wieder zu kehren, kehrt nicht zurük, sondern raubt Mathilden, übergiebt sie als sein entflohnes Weib seinem Freunde zur genauen Verwahrung, und heischt einen Eid, daß er sie keinem, als demjenigen, der ihm ein unverkennbares Wahrzeichen überbringt, ausliefern soll. — —

Elias. Sind dieß wirkliche und erwiesene Thatsachen?

Der Abt. Sie sinds.

Elias. Wer unterrichtete euch so genau von den Begebenheiten auf der Elsenburger Veste?

Abt. Wer sonst als Agnese selbst, die wir deinem ernsten Auftrage gemäß, eben wie sie nach der Kapelle wallfahrten wollte, mit der gewissen Ueberzeugung raubten, daß wir des Enzius Plan dadurch vernichten würden, uns leider aber zu spät belehrten, daß dieser weiter reichte, als dein und unser Auge sah.

Ellas. Noch blicke ich vergebens nach ihm umher.

Der Abt. Und doch liegt er enthüllt von dir: Kaiser Friedrich erfuhr durch Mathilden, daß die ächten Beweise ihrer Geburt auf der Elfenburgischen Veste verborgen lägen, daß sie, solche zu erheben, nach Deutschland ziehe. Es wurmte ihn, die schönen, fetten Länder so ganz zu missen, er entwarf einen Plan, sandte ihr seinen Sohn Enzius nach, gebot ihm die Dokumente zu rauben, und Mathilden mit Güte oder Gewalt zu seinem Weibe zu machen. Enzius vollzog des Vaters Gebot, raubte die Urkunden, suchte Mathilden, konnte sie nicht durch Güte bewegen, und sezte sie indeß gefangen, um in der Nähe und Ferne Freunde zu suchen, die sie als sein entflohnes Weib sicher nach Italien geleiten. Gelingt ihm dieß, so wird des Vaters Ansehen und Fürsprache den Starrsinn Mathildens schon enden, und er als ihr Gatte bald zum gerechten Erstaunen des römischen Hofes die Länder in Besiz nehmen, um welche man so lange vergebens kämpfte.

Elias. (mit dem Fuße stampfend) Verdammt, daß ihr Recht habt, und dreimal verdammt meine Dummheit, die dem bübischen Knaben wohl List, aber kein solches Meisterstük ihrer Wirkung zu traute! — — Ist der Raub der Urkunden erwiesen?

Der Abt. So gut als erwiesen. Agnese, welche ich deßhalb erforschte, erzählte mir mit taubenmäßiger Einfalt, daß ihre Mutter ein Kästchen besize, in welchem Beweise einer königlichen Abstammung ihres Geschlechts enthalten wären, sie habe einst beim

Abendmale dieser Beweise in Gegenwart des Enzius gedacht, und dieser habe sie zu sehen verlangt. Ob nun dieß wirklich erfolgt sei, kann Agnese zwar nicht behaupten, aber ihr werdet bei diesen Umständen wohl daran nicht zweifeln?

Elias. Nein! Nun ist's entschieden! Der Knabe hat Männer überlistet, sie stehen gaffend da, und bewundern zähnknirschend sein Meisterstük. Alles ist aber deswegen noch nicht verlohren. Thätigkeit und neue Liß soll ihm den Sieg entreissen. Ich gönne ihm die Dokumente —

Der Abt. Noch ist dieser Besitz nicht entschieden. Ich habe die Hände nicht müßig im Schooße verborgen, habe nach Kräften gewirkt und gehandelt. Meine Reisige sind bereits ausgezogen, nicht um den Enzius zu fangen, denn dazu achte ich sie zu schwach,

Z 2

sondern nur seinen Aufenthalt auszuspähen. Ein Eilbothe bringt indeß dem neuen Kaiser Heinrich ins Lager bei Ulm Nachricht von dem Herumwandeln des Enzius, und ersucht ihn aufs bringendste, zahlreiche Haufen herbei zu senden, um ihn habhaft zu machen. Meine Späher werden sie dann leiten, und wir fangen den listigen Knaben sammt seiner Beute.

Elias. Herrlich wenns so käme, du hast weise wie Salomo gehandelt, verdienst sein Glük und Reichthum. Doch dürfen und können wir diesem Plane nicht alles überlassen, er könnte mißglükken, und dann wäre jede neue Hülfe unmöglich. Gewalt muß sich nun mit List vereinigen, wir müssen schleunig Mathilden aus ihrer Gefangenschaft retten, ihr und dem Ritter eine ewiges Gefängniß, oder einen schleunigen Tod bereiten. Mag dann Enzius mit den Beweisen entkommen, sie werden ihm nichts nützen, weil keine Erben des ächten Stammes mehr vorhanden sind, und sich dieß Lehn nicht auf Seitenzweige der mütterlichen Stämme leiten läßt. Mag dann immer der Kaiser Ediktallen ausfertigen, sie auf allen Plätzen, in den Turnierschranken und in den Kirchen verkündigen lassen, es wird kein Erbe erscheinen, und die bestimmte Fallfrist der Kirche die Vergabung sichern.

Abt. Habt recht! Gewalt schreitet kühn auf dem geraden Wege fort, wenn List sich nur auf den entferntesten Krümmungen nahen kann. Doch ehe ihr dieß vermögt, müßt ihr zuvor Mathilden aus den Händen des Enzius retten, und wie wollt ihr dieß ausführen?

Ellas. Sehr schnell und leicht. Schon ist der Plan entworfen: Einer eurer vertrauten Mönche verkleidet sich eilend, und bringt, indeß wir tafeln, meinem Ritter die Nachricht, daß Enzius die Gastfreiheit schändlich verlezt, Agnesen mit Gewalt geraubt, und wie die Kundschaft laute, einem benachbarten Burgherrn als sein Weib zur gefänglichen Verwahrung übergeben habe. Der Ritter, dessen Herz immer noch von Eifersucht gemartert wird, wird gleich einem wilden Eber auffahren, schnellen Aufbruch gebieten, nach Emmersfelds Veste hineilen, Agnesen fordern — —

Abt. Und den Betrug entdekken.

Enzius. Das kann und wird geschehen, aber Mathilde ist schön und liebenswürdig, sie wird mit diesen Eigenschaften auf das

Herz des Ritters wirken, Haß gegen den Eu‎‎sius wird das seinige beitragen, auch ich werde — — Kurz, eilt nur, eilt, ehe zwei Tage verlaufen, ist Mathilde gerettet, sizt nebst dem Ritter in dem festesten eurer Kerker. Dieß sei alles meine Sorge, mein Werk! Eilt nur, eilt!

Abt. (fortgehend) Euer Will‎e soll erfüllt werden — — (rükkehrend) Doch, da fällt mir eben bei! — — Ja, ja! so könnte die Sache weit besser gelin‎gen. — Aber ihr habt Eile, und ich müßte, um verstanden zu werden, erst eine umständ‎liche Erzählung voraussenden, die euch Zeit und Geduld rauben würde.

Elias. Beides opfere ich willig, wenn nur das Ende der Unternehmung förbert. Erzählt, wenn ihr dieß vermuthet.

Abt. Hört ruhig zu, das Ende wird euch sicher gnügen. Die Veste, auf welcher Mathilde gefangen schmachtet, liegt nur eine kleine Strekke abwärts von unserm Kloster, welches seinen Ursprung, seinen Reichthum und Wohlstand ganz allein den Besizzern derselben zu danken hat, von diesen erbaut, und reichlich vergabt ward. Zu dieser schönen und wohlthätigen Handlung gab eine ungegründete Sage, welche den Stammvater dieser Besizzer als Geist umher wandeln läßt, Stoff und Anlaß. — —

Er erzählte ihn nun die meinen Lesern schon bekannte Geschichte dieses Geistes nach allen ihren Umständen, und fügte hinzu, daß die nachfolgenden Zweige seines Stammes das Kloster erbauten, damit die Mönche für des Geistes Erlösung beten sollten. Ihr könnt leicht denken, fuhr er fort, daß schon unsre

Vorfahren diese vortheilhafte Sage zu unterstüzzen, zu erhalten und zu bestätigen suchten, damit die Besizzer der Veste, und die rings umher wohnenden Insassen fortfahren möchten, für seine Erlösung zu opfern und das Kloster durch milde Stiftungen zu bereichern. Um nun diesen Endzwek zu erreichen, ward, vor mehr als hundert Jahren, durch die Mönche ein unterirdischer Gang aus dem Kloster nach dem Thurme gegraben, in welchem der Sage nach der umher wandelnde Stammvater einst wohnte. Ihre Mühe ward herrlich belohnt, der Thurm stand schon damals wüste und öde, niemand wagte sich in sein Inneres, sie fanden an der Stelle, wo sie in das Innere des Thurms hinein gruben, eine verfallne Wendeltreppe, welche zwischen der sehr dikken Mauer des Thurms bis an seine Spizze in die Höhe, und dort rings umher führte. Dieser glükliche Umstand machte sie fähig, zum gerechten Erstaunen aller vorüberwandelnden, durch die Oeffnungen des Thurms, welche ehemals seine Fenster bildeten, am hellen Tage in der Gestalt des Geistes zu erscheinen, die vorüberwandelnden nach seiner Art zu plagen und zu necken. Diese Erscheinung ward um so wunderbarer, weil die Gemächer des Thurms schon eingefallen waren, niemand die verborgne Wendeltreppe kannte und ahndete, daher nicht muthmaßen konnte, daß ein Mensch die hohen, unzugänglichen Oeffnungen desselben erreichen könne.

Elias. Noch sehe ich kein Licht in dieser Dämmerung.

Der Abt. Sollt es bald erblikken. An der Nordseite hängt dieser Thurm mit der Weste zusammen, einige unbewohnte Gemächer verbinden sie mit ihm. Wir können ungehindert dahin gelangen, auch dort umher wandeln. Wenns uns nöthig und nützlich dünkt, erscheint der Geist auch in der Veste, ermahnt den Burgherrn zu irgend einer uns vortheilhaften Handlung.

Elias. (frohlockend) Triumph und Sieg! Dann hindert uns ja nichts, die verhaßte Mathilde schon die folgende Nacht auf diesem Wege aus ihrem Gefängnisse zu befreien, und auf immer in den Mauern des Klosters zu begraben.

Der Abt. Würde schon geschehen seyn, wenns möglich und räthlich wäre. Der allzu listige Enzius hat den treuherzigen Emmers=feld dahin vermocht, daß er die Thüre des Gefängnisses bei Tag und Nacht durch vier Reisige bewachen läßt. Gewalt findet hier also nicht statt, weil man sehr natürlich, wenn sie auch gelänge, dem Wege, auf welchem die Räuber in und aus der wohlbewachten Veste gelangten, äußerst genau nachspüren würde, und dann leicht unsre geheime Thüre, sammt den unterirdischen Gang entdekken könnte. Wir würden dabei alles wagen, und im möglichsten Entdekkungsfalle unserm Kloster den unersezlichsten Schaden zufügen, es der Wuth und Rache des Betrognen Preis geben.

Ellas. Wohl, so siege List, wenns Gewalt nicht vermag. Der Geist muß noch diese Nacht den Burgherren heimsuchen, ihm gebieten, sich nicht mit so gottlosen Handlungen zu befassen, und die unschuldige Mathilde sogleich in Freiheit zu sezzen. Er wird das Gebot des Geistes sicher erfüllen, und wir lauern dann außer der Veste, nehmen sie in unsre Verwahrung, ehe sie ihre Freiheit nüzzen und genießen kann.

Abt. Auch dieß vermag ich nicht. —

Elias (unwillig) Zu was also eure Erzählung, wenn sie nicht fruchtet, nur hindert?

Abt. Zürnt nicht, ehe ihr alles wißt. Emmersfeld hat dem vorsichtigen Enzius Eid und Handschlag geleistet, Mathilden nur demjenigen auszuliefern, welcher ihm einen, dem bereits erhaltenen ganz ähnlichen Ring überreicht. Wider Eid und Handschlag zu handeln, kann und darf der Geist nicht rathen, weil wir es erst vor zwanzig Jahren, als Emmersfeld uns ein eidliches Versprechen nicht leisten wollte, für räthlich achteten, ihm durch den Geist kund zu machen, daß die Hoffnung seiner Erlösung sogleich auf ewig schwinden müsse, wenn einer seines Stammes sich, sei's auch eine übereilte, schädliche Zusage, eines Meineids schuldig mache. Emmersfeld hat diese Aussage des Geistes in das Gedenkbuch seines Stammes allen Nachfolgern zur Warnung eintragen lassen, wir würden den Geist zum Lügner umwandeln, uns äußerst schaden, wenn wir widerruften, was er vorher gebot, was allen seinen Nachfolgern unverlezbar scheinen und bleiben muß, wenn wir anders fernerhin ihre vielen und reichlichen Vergabungen in Friede und Ruhe geniesen wollen.

Elias. (immer noch unwillig) Also noch einmal: Was soll, was kann mir eure Entdekkung nüzzen?

Der Abt. Immer viel und genug zur glüklichen Ausführung eures Planes. Der Geist soll Emmersfelds, und wenn ihr wollt, auch des Ritters Handlung nach eurem Ziele leiten. Dem erstern soll er kund thun, daß er zur Rettung seiner Ehre und seines Gewissens erscheine. Du hast, soll er sprechen, dem Enzius einen höchst ungerechten Eid geleistet, und dich dadurch des schändlichsten Jungfrauen Raubs schuldig gemacht, aber du darfst, wenn ich nicht bis zum allgemeinen Gerichte unerlöst umher wandeln soll, diesen Eid nicht brechen. Ich will deine Seele retten, und Vermittler werden. Du gelobtest, nur demjenigen die Gefangne auszuliefern, welcher dir einen ähnlichen Ring überbringen würde, du sollst diesen Ring aus der Hand desjenigen Ritters erhalten, welchen ich heute nach deiner Weste lokte, und zum Befreier der Unschuldigen bestimmte. Dann ist dein Eid erfüllt, und du bist von der Theilnahme an der schreklichen Sünde gerettet.

Elias. (den Abt umarmend) So sprichst du weise und schön. Wie willst du aber den Ring erhalten?

Abt. Der Geist besizt Geschiklichkeit genug, den Ring des Enzius aus dem Wandkasten des Emmersfelds zu entwenden, und in unsern Mauern wohnt ein Laibruder, welcher goldene und silberne Gefäße künstlich bearbeitet. Es wird ihm ein leichtes seyn, diesen Ring glüklich und gut nachzuahmen.

Elias. (jauchzend) Dein Verstand soll leben, und so wahr auch ich lebe, die herrlichen Lohn bringen! — — Doch weiter! was wird der Geist zum Ritter sagen?

Abt. Deine Verwandtin, soll er sprechen, schmachtet auf dieser Veste im Gefängnisse. Ich habe dich zu ihrem Retter bestimmt, du

wirst mit ihr eine Krone und viele Länder
retten — —

Elias. Das weitere errathe ich — —
Vortrefflich! So kann und muß es glükken! — — Der Ritter wird tafeln wollen,
ich eile zu ihm. Ist das Mahl geendet, so
sprechen wir uns wieder.

Elias erwog während dieser Zeit den Plan
reiflicher, er sah ein, daß es glükken würde,
wenn er den Ritter zur Einkehr auf der Weste
vermöge, ganz mißlingen müsse, wenn dieser
etwan weiter zöge, und wie gewöhnlich im
Forste lagere. Da von dieser willkührlichen
Handlung das ganze fernere Wohl abhing, so
wollte er sie nicht dem Ungefähr überlassen,
und entwarf neue Pläne. Nach der Tafel
eilte er sogleich zum Abte, und forschte nach
Agnesen.

Ich habe, sprach er, diese Diene höchst nöthig, sie muß mitwirken, um den Ritter nach der Veste zu locken. Er eilte mit dem Abte nach ihrem Gemache, sie war hoch erfreut, als sie den Elias erblikte, und gestand ihm offen, daß sie den Benno noch immer heftig und zärtlich liebe. Er soll dir werden, entgegnete der Listige, du sollst ihn diese Nacht noch als deinen Verlobten umarmen, wenn du strenge erfüllst, was ich dir gebiete.

Ganz natürlich gelobte die verliebte Agnese, alles zu erfüllen, und ward nun zu der Rolle vorbereitet, welche sie auf dem Thurme nachher wirklich sehr natürlich und künstlich spielte. Man überzeugte sie leicht, daß nur diese List die wüthende Eifersucht des Ritters dämpfen, ihn vermögen werde, sie aus den Händen des so verhaßten Enzius zu retten, und als seine Braut heimzuführen.

Der Abt versprach so gar, ihr zur Seite zu stehen, und ihr die Antworten zu zuflüstern, welche sie den Fragen des erzürnten Ritters entgegnen sollte.

Als die listigen Wichte die vorbereitete und zu allem willige Agnese verlassen hatten, begann unter ihnen folgendes Gespräch.

Abt. Was willst du eigentlich durch diese neue List gewinnen?

Elias. Sichere Einkehr in die Veste.

Der Abt. Wenn aber der Betrug entdekt wird.

Elias. Dieß soll und muß geschehen. Benno wird ganz natürlich vom Burgherrn seine gefangne Agnes heischen, nicht weichen, bis er die Gefangne fah und ſprach. Gewährt dieß Emmersfeld, ſo wird er freilich ſtaunen, wenn er, indem er Agneſen zu ſehen hofft, eine ganz Unbekannte erblikt, aber Mathildens Schönheit wird dann auch wirken, er wird überzeugt werden, daß Agneſe nicht in der Burg ſei. Emmersfeld wird ſicher alles für eine Handlung des nekkenden Geiſtes auslegen, wenn Benno behauptet, daß er aus dem unbewohnten Thurme mit ihr ſprach, er wird durch ſeine Erzählung die Gegenwart eines Geiſtes beſtätigen, und auf dieſe Art den Ritter zum nächtlichen Beſuche vorbereiten. Kurz, die Erklärung beginne, wie ſie wolle, ſo werde ich ſie herrlich leiten, und benuzzen. Auch ich wirkte ſchon in des Ritters Gegenwart Wunder, und dieſe laſſen ſich jezt ſo ſchön, ſo meiſterhaft mit den künftigen vereinigen, daß dem Ritter, wäre er auch ungläubiger als Thomas, kein Zweifel von der unsichtbaren Leitung eines Geistes übrig bleiben kann.

Abt. Nur eins bitte ich dich zu erwägen. Die Liebe ist ein wunderbares, launigtes Ding. Benno liebt Agnesen, er versöhnt sich mit ihr, wird dann sein Herz nicht jedem neuen Eindrucke standhaft widerstehen?

Elias. Hm! Wahrlich, es könnte geschehen!

Abt. Und muß daher verhindert werden. Der Geist erscheint dem Ritter, macht ihm seine Sendung kund, und führt ihn dann nach einem leeren Gemache der alten Burg. Dieß ist einst aus einer ähnlichen Veranlassung, als mein Vorfahrer die Heurath eines alten Burgherrn hindern wollte, trefflich zubereitet worden. Benno wird dort seine Agnese zum leztenmale sehen, sie wird vor seinen Augen verschwinden, und aus der Tiefe werden Stimmen erschallen, die ihm gebieten, daß er sie auf immer vergessen, nur die schöne Unbekannte retten soll. Mag dann die betrogne Agnese jammern, wie sie will, wir bedürfen ihrer nicht mehr, sie kann in einem Nonnenkloster ihre Tage vertrauern, denn heim darf sie nimmer kehren, sie könnte unsre Handlung verrathen, und Rache erregen.

Elias. Ich billige deinen Anschlag, achte ihn aber nur dann nöthig, wenn Bennos Herz in der Unterredung mit dem Geiste allzu viel Liebe zu Agnesen verrathen sollte. Ein weit wichtiger beschäftigt jetzt meinen Verstand. Mathilde muß zwar nicht von der Absicht, aber doch von der Art unsrer Unternehmung unterrichtet werden, denn sie könnte sonst am Ende den Ritter für einen

375

Freund des Enzius halten, und der Freiheit widerstehen. Laßt sehen, wie ichs ordne: Benno wird die Gefangne zu sehen verlangen, Emmersfeld muß es, und wenns der Geist gebieten sollte, bewilligen. Ich geselle mich zu ihm, mache ihr durch Winke und Blikke meine Verkleidung kennbar, überrede sie, daß ich keine Antheil an den Verbrechen in Italien hatte, selbst gefangen lag, bloß zu ihrer Hülfe und Rettung herbeeilte, und nun —

Abt. Wird auch Emmersfeld dir Zeit und Unterredung gönnen? Wird dein Anblik, deine Gegenwart nicht Mathilden noch mißtrauischer machen? — —

Elias. Gebt mir nur Schreibgeräthe — — Ich will alles ordnen, will ihr schreiben, was ich in Gegenwart andrer nicht sagen darf, will zum Ueberflusse hinzufügen, daß dieß der Ritter sei, welchen sie suche, daß in seinen Händen die wichtigen Dokumente ruhen, welche sie mit so vieler Sehnsucht erwarte. Ich kenne Mathilden, ohne Vorbereitung, ohne Ueberzeugung vereitelt ihre männliche Entschlossenheit unsern ganzen Plan.

Er begab sich nun in das Gemach des Abtes, schrieb dort, was er Mathilden zu entdecken für nöthig fand, und legte die Schrift in ein Gebetsbuch, welches er aus dem Kloster mit sich nahm, und um dem Ritter eine geltende Entschuldigung seines langen Verweilens machen zu können, für ein Bannbuch gegen die Anfälle des Geistes ausgab. Ehe er auszog, forschte der Abt: Was man nun mit der Dirne beginnen solle, welche man eilend aus Thüringen herbeiholte, und dem Ritter zum Weibe geben wolle. Elias gebot, sie noch einige Tage im Kloster zu verwahren, damit man im unwahrscheinlichen, aber doch möglichen Falle den Willen des römischen Hofes vollziehen könne.

Nach dieser Erklärung werden sich meine Leser, wenn sie Hedwigs Erzählung zu Hülfe nehmen, leicht überzeugen können, daß die wunderbaren Begebenheiten des ersten Theils ganz natürlich geschehen konnten, absichtlich geschehen mußten, weil sie verabredet und beschlossen waren. Was durch Zufall noch hinzugefüget wurde, will ich jetzt in Kürze erzählen.

Der Anfang des ganzen großen Plans glükte vortrefflich, alles ging nach Wunsche. Daß Elias bloß zur Bekräftigung der Erzählung von dem Umherwandeln des Geistes den Schwank mit den leeren Bechern spielte, bedarf wohl kaum einer Erwähnung. Härter ergings ihm bei Mathilden, ungeachtet er ihr durch Winke und Mienen seine Treue zu erklären suchte, so hätte doch diese, als sie ihn den Giftmischer Grimsaldi nannte, beinahe alles verrathen, doch fruchteten neue Winke so viel, daß sie sein Buch ergriff, und alles las, was er ihr zur bessern Erklärung im Kloße aufschrieb. Dieß wirkte mächtig, sie wankte zwar noch zwischen Glauben und Unglauben, suchte aber doch wenigstens den leztern zu verbergen.

Um ihr jeden Zweifel zu benehmen, sie ganz von seiner Treue zu überzeugen, blieb Elias absichtlich zurük, als der alte Emmersfeld den Ritter Benyo so schnell aus ihrem Gemache entfernte. Er erzählte ihr jezt alles, was sie wissen sollte, erklärte ihr seinen Rettungsplan, und überzeugte sie wirklich von seiner Treue durch erdichtete Lügen. Sie versprach ihm große Belohnung, wenn er sie retten würde, harrte wirklich der Erlösung mit größter Sehnsucht entgegen, bis Glük und Zufall sie auf eine andre Art und sicherer rettete. Abgeredete Verstellung, und Entschuldigung seines längern Verweilens bei Mathilden wars am Ende, als Elias so erbärmlich schrie und klopfte, die beiden Ritter zu bereden suchte, daß Mathilde so grausam mit ihm verfahren sei.

Wie die Erscheinung des Geistes endete, wie Elias am Ende durch seine List doch alles wieder ins Geleis zurük führte, habe ich bereits durch Hedwigs Erzählung deutlich erklärt. Elias benuzte jede Gelegenheit, den kühnen Benno im Glauben an den Geist zu bestärken, eine derselben nuzte er trefflich, als er mit einmal im Gemache umherrutschte, und vorgab, daß eine unsichtbare Gewalt ihr Wesen mit ihm treibe. So zufällig und unwichtig dieser Einfall an sich selbst war, so trug er doch sehr viel dazu bei, den Ritter von der Gegenwart des Geistes zu überzeugen. Der Geist konnte nun kühn aufs neue erscheinen, und einen bessern Empfang erwarten.

Die Wanderung des Elias, welche er am andern Morgen nach dem Kloster unternahm, war höchst nöthig. Er fand dort alles in der größten Verwirrung, belebte aber bald aller Muth durch seine Versicherung, daß er aufs neue durch List und Verstellung gesiegt habe. Der Verbündeten Freude vermehrte sich bald um ein großes, als einige Eilbothen des Thüringer Landgrafen, die angenehme, höchst unerwartete Nachricht überbrachten, daß es ihm glükte, den Ritter Enzius, wie er mit einem kleinen Theile seines Gefolges in schneller Eile durch einen Forst zog, gefangen anzuhalten. Man hatte aufs sorgfältigste sein Gepäcke und Kleider durchspäht, an seiner rechten Hand zwar den mitfolgenden Siegelring, übrigens aber keine Dokumente, kein Kästchen, welches solche verwahren sollte, gefunden. Der Gefangne, schrieb der Landgraf, versichere überdieß auf Ehre und Gewissen, daß er kein Kästchen auf der Elsenburger Veste entwendet habe, dieß sich also noch in Hermellens Händen befinden müsse.

Alle diese Nachrichten belebten das Herz der Verschwornen mit Freude und großem Vergnügen. Eben hatte der Laibruder dem Abte gemeldet, daß er den Ring nicht nachzuformen im Stande sei, weil in seiner Mitte ein Stein gefaßt, und auf diesem die Hälfte eines Wappens eingegraben sei, dessen andere Hälfte wahrscheinlich der zweite Theil des Rings enthalten würde. Man verglich nun den Ring des gefangnen Enzius mit demjenigen, welchen der Geist in voriger Nacht dem Emmersfelde entwendet hatte, und fand die Aussage des Laibruders vollkommen bestätigt. Beide fügten sich wunderbar in einander, und ihre Steine bildeten ein ganzes Wappen, welches auf jedem derselben nur halb eingegraben war. Diese Entdekkung sezte sie nun in den Stand, in der folgenden Nacht ihren ganzen Plan auszuführen, Mathilden durch den Ritter Benno zu befreien, beide aber in einem bestimmten Forste, wo mehr als dreihundert Reiter des Landgrafen lauern sollten, gefangen zu nehmen, und ins ewige Gefängniß zu schleppen.

Die sichere Hoffnung des glüklichen Ausgangs machte ihre Herzen fröhlich, die Mönche feierten eben ein Fest ihres Ordens, vieles Volk kam aus der Nähe und Ferne herbei, um in ihrer Kirche zu beten.

Der Landgraf hatte durch seine Eilbothen den Abt dringend gebeten, daß er doch — indem er alle Befehle der Kirche blindlings erfülle — auch zu seinem Vortheile wirken, und das schwäbische Volk bei jeder Gelegenheit von der Treue seines ehemaligen Kaisers abzuleiten suchen möge. Der Abt wollte die Bothen von seiner Bereitwilligkeit so gleich überzeugen, und beredete den Elias, sich als Kardinal zu verkleiden, den Bann in Gegenwart des versammelten Volks über Friedrichen auszusprechen, und sie zur Treue gegen den neuen Kaiser zu ermahnen. Wie dieß kühne, schändliche Unternehmen glückte, wie es dem Elias beinahe seine Freiheit geraubt hätte, habe ich bereits ausführlich erzählt.

Der Geist erschien nun in der folgenden Nacht abermals dem Ritter. Seine Unterredung mit ihm scheint dem Plane, welchen man entworfen hatte, in manchen Punkten zu widersprechen, aber alles war absichtlich verabredet, damit, wenn die lauernden Reisigen den Ritter sammt seinem Gefolge nicht überwältigen könnten, er keinen Argwohn schöpfe, immer noch des Elias weitern Leitung folge, und durch wiederholte Erscheinung in eine neue, und sichere Falle gelokt werden könne.

Alles würde wahrscheinlich vollkommen gelungen seyn, wenn Mathilde sich nicht früher, glüklicher, und selbst gerettet hätte. Der listige Elias hatte sie zwar in der Unterredung mit ihr von seiner Unschuld überzeugt, sie traute, glaubte seinem heuchlerischen Versprechen aufs neue, hoffte durch ihn gerettet zu werden, und würde der Erlösung ruhig entgegen geharrt haben, wenn nicht ein neuer Zufall sie aufmerksam gemacht hätte.

Als sie am andern Morgen an ihr Fenster trat, und mit der sichern Hoffnung, daß sie bald ungehindert darin umherwandeln würde, in die freie, weite Gegend blikte, sah sie einen Unbekannten tief unter ihrem Fenster auf dem Abhang eines Felsen sizzen, er war in einen Mantel gehüllt, blikte sehnsuchtsvoll nach ihr hinauf, und schlug den Mantel schnell zurük, als er gewahrte, daß sie nach ihm hin blikte. Sie erkannte sogleich in ihm einen ihrer Getreuen, er hielte ein Schreiben in seiner Hand, und deutete mit bittender Miene, daß sie irgend etwas herablassen, und dieß Schreiben hinaufziehen möge. Sie suchte vergebens in ihrem Gemache, endlich erblikte sie in einer Ekke desselben ein altes Jagdnez, sie knüpfte aus den starken Faden desselben eine lange Schnure, und zog das Schreiben herauf.

„Theure Gebieterin, stand darauf geschrieben, ihr wurdet uns durch den kühnen Enzius entrissen, wir entdekten zu spät die Spur seines Zuges, und konnten euch nicht aus seinen Händen retten. Ihr steht jezt in Gefahr, in weit gefährlichere Nezze zu fallen. Mönche, welche mit Rom verbunden sind, wollen euch retten, um euch wahrscheinlich in eine ewige Gefangenschaft zu schleppen. Der treulose Ritter Grimsaldi wandelt verkleidet in ihrer Mitte, traut seinen glatten Worten nicht, sie loken euch ins Verderben. Faßt Muth und Entschlossenheit, und ihr könnt die folgende Nacht gerettet in unsre treuen Arme eilen. Alles ist zu eurer Flucht bereit, sie wird glüklich enden, wenn nur dieß

Schreiben in eure Hände kommt. Laßt noch einmal den Faden herab, ich will eine kleine Flasche daran befestigen, sie enthält ein ätzendes Wasser, welches binnen einer Stunde den stärksten Stab des Eisens durchfrißt. Bestreicht so oft, als es nöthig ist, das Gitter eures Fensters damit, laßt zwei Stangen unberührt an beiden Enden stehen, damit ihr die Strikleiter daran befestigen könnt, mit welcher wir, wenn die Nacht einbricht, hier erscheinen werden. Ihr zieht sie dann hinauf, befestigt sie aufs genauste, und steigt ohne Gefahr in unsre Armen herab. Noch einmal achtet unsrer Bitte, ergreift die angebotne Rettung, sonst ist ewiges Gefängniß, oder Tod euer Loos!"

Dieses Schreiben enthüllt alles Dunkle, welches bisher Mathildens Flucht bedekte. Sie befolgte den Rath ihrer Getreuen, und entkam glücklich den Fallstricken des Elias. Bedarfs nach dieser Erzählung wohl noch einer nähern Erklärung: Warum Mathilde am Abende vorher sich absichtlich bei dem Vogte nach dem Ritter erkundigte, und aus Verstellung weinte, wie der hartherzige Vogt keine ihrer Fragen beantwortete? Sie wollte dadurch den Vogt, welchen sie ebenfalls für einen Theilnehmer achtete, sicher machen, ihn an stärkerer Vorsicht verhindern. Ihre Flucht war gefahrvoll, aber sicher, weil diese Seite der Burg nicht bewohnt war, nicht bewacht wurde, und die steilen Felsen, welche sich dort in die Höhe thürmten, sie vor jedem Ueberfall zu sichern schienen. Mathildens Getreue erstiegen ihn glücklich, leiteten Mathilden sicher herab, und nach dem Gebüsche, wo ihre Rosse harrten. Noch war es nicht entschieden, wohin Mathilde vor ihren Feinden fliehen sollte; die

Geängstigte dünkte sich nirgends sicher, glaubte sich von allen Freunden verlassen, wollte schon den Rath ihrer Getreuen befolgen, und nach Italien rükkehren. Sie zog, so lange die Finsterniß der Nacht dauerte, im ungebahnten Forste umher, und suchte erst, als der Morgen dämmerte, die Straße. Ehe sie solche noch fand, zogen auf einem engen Pfade aus dem Thale herauf ihr zehen Reiter entgegen, welche eine verschleierte Jungfrau in ihrer Mitte führten. Die kleine Anzahl der Reisigen schrekte Mathildens muthigen Haufen nicht, alle standen, und ließen die Reiter, welche furchtsam umher blikten, vorüber ziehen. Die verschleierte Jungfrau rang weinend die Hände, und schrie erbärmlich nach Hülfe, als sie Mathilden gewahrte. Diese umgab den kleinen Haufen, er floh elend von dannen, und ließ die verschleierte Jungfrau in ihren Händen. Es war Agnes, welche die Reisigen des Klosters, da man ihrer nicht mehr bedurfte, nach ein Nonnenkloster leiten, und dort zum ewigen Gefängnisse übergeben sollten Ihre Erzählung gewährte Mathilden großes Licht, ihr ward dadurch kund, daß ihre Getreuen sie mit vollem Rechte gewarnt, und wirklich einer großen Gefahr entrissen hätten, auch erhellte aus allem, was Agnese von dem Betragen des Ritter Bennos zu erzählen wußte, daß dieser keinen Theil an den Ränken der Mönche habe, eben so, wie sie selbst, von ihnen irre geleitet, und durch den Schein edler Handlungen zu Ausführung ihrer bösen Thaten gereizt würde. Mathilde nahm daher Agnesens Antrag, mit ihr auf des Ritters Veste zu ziehen, mit Dank und Freude an, weil sie dort Sicherheit finden, und mit aller Wahrscheinlichkeit hoffen konnte, daß der betrogne Ritter ebenfalls dahin zurükkehren, und sich dann alles noch glüklich enden würde. Um auch ihn zu warnen, und vor aller Gefahr zu sichern, ward unter beiden verabredet, daß sie, so bald sie die Veste erreicht hätten, nach allen Gegenden Eilboten aussenden wollten, welche den Ritter von allem benachrichtigen sollten.

Sie suchten nun eilends die Straße, welche nach der Veste führte, und ruhten nur höchst nothwendig am Bache, als Agnese aufs neue zu erzählen begann, und der erstaunte Benno, durch seinen Knecht herbeigeleitet, sich ihnen nahte. Sie flohen beide erschrocken von dannen, weil sein blauer Harnisch sie täuschte, und sie fest glaubten, daß Enzius, welcher einen ähnlichen trug, sie aufs neue überlisten und gefangen nehmen wolle.

Ich darf wohl nicht erst die Ursachen anführen: Warum Elias dem nacheilenden Altter nicht folgte? Er ahndete mögliche, höchst wahrscheinliche Entdekkung, und eilte nach dem Kloster, um, wenn es anders möglich sei, den ganz vernichteten Plan durch einen neuen zu ersezzen. Mathildens unerwartete Flucht war schon vorher seinem Ohre ein Donnerschlag, er stand am Ziele seiner Wünsche, und wurde durch diese weit zurük geschleudert, er folgte dem Ritter, bloß aus der Absicht, um zu erfahren, wohin er seinen Zug nehmen würde, und wenigstens ihn ins Nez zu lokken. Er sahs gerne, als er seinen Weg nach der Veste nahm, weil er jezt überzeugt war, daß dort das Kästchen mit den Dokumenten noch unberührt ruhe, er dadurch in den Stand gesezt werde, wenn auch alles andre mißlingen sollte, dieses wenigstens zu stehlen, und in Sicherheit zu bringen. Aber Mathildens Entdekkung vereitelte auch diese Hoffnung, und zwang ihn zur Flucht. Sein einziger Trost,

welchen er mit ins Kloster brachte, war,
daß er deutlich sah, wie der noch eilende
Ritter einen ganz entgegen gesezten Weg ein,
schlug, und folglich Mathilden nicht erreichen
würde. Auf diesen Grund baute er seinen
neuen Plan, dessen Ursache und Triebfedern
Hedwigs Erzählung schon ganz enthüllt hat.
Er konnte jezt den Ritter nur durch List, nicht
durch Gewalt ins Gefängniß locken, weil er
alle Reisige des Klosters, und die nahen Hau,
fen des Landgrafen, mit welchem er die lez,
tere üben konnte, eiligst fortsenden mußte,
um Mathilden samt Agnesen zu fangen, und
zu verhindern, daß sie Bennos Weste nicht
erreichten. So glücklich er seinen Plan mit
dem Ritter bis zur Vollendung ausführte, so
unglücklich waren hingegen die ausgesandten
Reisigen. Mathilde erreichte glücklich die We,
ste, und der von allem unterrichtete Landgraf,
konnte weiter nichts zum Frommen des Ganzen

unternehmen, als mit seinem von Ulm verjagten Heere, die Weste vergebens zu belagern.

Ich hoffe nun meine Leser in den Stand gesezt zu haben, den weitern wundervollen Gang dieser Geschichte selbst zu enthüllen. Jeder wird sich leicht überzeugen, daß der listige Ellas stets neue Mittel und Wege suchte, das halb geöffnete Auge des Ritters abermals zu blenden, ihn dem Abgrunde näher zu führen, in welchen er ihn so sehnlich zu stürzen wünschte. Hedwigs Erzählung, welche sie am Ende des zweiten Theils dem Ritter leistete, erklärt seine List uud Ränke vollkommen, es würde daher ermüdend und unnüzzer Zeitverlust seyn, wenn ich fortfahren wollte, alles ferner so umständlich zu erklären. Was irgend noch dunkel scheinen könnte, will ich in möglichster Kürze hinlänglich erhellen.

Die Absicht des Elias, den Ritter Benno aufs neue nach der Thüringer Veste zu locken, mißlang, selbst der Geist vermochte es nicht, seinen Starrsinn, den die Liebe regierte, zu leiten, und es blieb ihm nichts anders übrig, als ihn durch die Nachricht, daß er Mathilden in Chur treffen würde, nach dem Forste zu locken, wo hinlängliche Reisige versammelt waren, um ihn gefangen zu nehmen.

Auch dieser Anschlag mißlang, und Elias würde samt dem Mönche, welcher den Geist spielte, wohl nie mehr Freiheit genossen haben, wenn es beiden nicht gelungen wäre, den geizigen, habsüchtigen Ritter Eberschweil durch vieles Gold, durch noch weit größere Versprechungen, die sie im Namen des Papstes und des neuen Kaisers leisteten, in ihre Verbindung zu ziehen. Als er sie auf seine

Veste führen, und dort gefangen verwahren sollte, ward er, durch diese Versprechungen geblendet, zum Verräther an seinem neuen Bundsgenossen; ließ die Gefangnen nicht allein frei, sondern sandte auch seinen Sohn dem Ritter nach, welcher ihm die lügenhafte Mähre von der Erscheinung des Geistes erzählte, und es dem Elias möglich machte, abermals vor dem Ritter zu erscheinen, ihn zum leztenmale ins Verderben zu locken. Daß er sich absichtlich im Walde dem Wirthe zeigte, und durch diesen zu dem Ritter leiten ließ, wird jeder leicht errathen, so wie es ohnehin die Folge lehrt, daß die Ulmer, welche den Benno versicherten, daß seine Veste nicht belagert würde, absichtlich verkleidete, landgräfliche Reiter waren, welche ihn über diesen Gegenstand beruhigen und zum Rückzuge bewegen mußten.

Nach so vielen, dem Verstande des Ritters unerklärbaren Wundern wird es ihm endlich wohl niemand verdenken, wenn er, als er wirklich gefangen war, sich noch immer vom Geiste geneckt glaubte, und durch Hedwigs umständliche Erzählung kaum aus diesem Traume geweckt werden konnte.

———————

Sechs und dreißigstes Kapitel.

In welchem die Geschichte wieder vorwärts schreitet.

Ich verließ am Ende des zweiten Theils den armen Ritter Benno, als er Wonne fühlend in Mathildens großes Auge blikte, reden wollte, und nur stammeln konnte. Mathilde sahs mit Wohlgefallen, auch ihr war das Andenken des Ritters werth geblieben, auch ihr Herz erinnerte sich noch lebhaft der biedern, offnen Worte, mit welchen er sie im Gefängnisse tröstete, sie ahndete sein Gefühl, und mühte sich nach Kräften, es zu mehren und zu stärken. Umgeben von jubelnden Siegern, beobachtet von aller Augen, konnte sie jezt nichts mehr thun, sie dankte allen, aber dem stummen Benno am meisten. Unter Gespräche und Trank rauschte der Tag vorüber, erst am andern nahmen die Sieger Abschied, und verstatteten den Rükgebliebnen freie Handlung. Jeder entsagte nun der Verstellung, und gönnte seiner Empfindung freien Lauf. Hermella wankte noch zwischen Furcht und Hoffnung, zwischen Freude und Trauer. Mathilde hatte ihr alles erzählt, das Kästchen in ihrer Gegenwart geöffnet, und große Freude über die Dokumente geäußert, welche sie darin fand. Ihre Wünsche waren nun getheilt, einige derselben labten sich mit der Hoffnung, daß Benno Agnesen heurathen, mit ihr das neue große Erbe theilen werde, andere achteten dieß für gefahrvoll, und wünschten im Gegentheile, daß er der Liebe zu ihr entsagen, mit Mathilden nach Italien ziehen, und die deutschen Ländereien auf immer an sie und Agnesen abtreten möge. Ob einer oder keiner dieser Wünsche erfüllt werden würde? War die immerwährende Frage ihres Herzens, welche es mit Furcht und Angst quälte, sie zur stets regen Spähe ermunterte, und ihr nie Ruhe gönnte. Agnese, welchen ihren Benno noch immer herzlich liebte, emsig seinen Blikken folgte, sie immer nur auf Mathilden geheftet sah, entsagte sogleich aller Freude, weihte sich ganz der Trauer, und beschloß in ihrem Herzen diese bis an ihren Tod in einem Kloster zu nähren. Mathildens und Bennos Empfindungen will ich nicht schildern, weil die folgenden Handlungen sie deutlich genug erklären werden.

Kaum waren die Bundsgenossen ausgezogen, noch tönte ihr Jubelgeschrei in der Gegend umher, als Benno, vom innern Drange geleitet, nach Mathildens Gemach eilte. Sie stand am Fenster, und blikte den Siegern nach, eine Thräne des Danks schlich über ihre Wange, und lohnte die That. Benno nahte sich ihr, sie lehnte ihre Hand auf seine Schulter, ihre Lippen zitterten, und vermochten nicht länger das Bekenntniß zu verschließen, welches aus ihrem Herzen strömte. Euch, theurer Ritter und Verwandter, euch verdanke ich alles. Freiheit und Leben! Wie kann, wie soll ichs lohnen?

Benno. (stammelnd) Lohnt Ihrs jezt nicht stärker, nicht höher, als ich erwarten konnte?

Mathilde. Wollte Gott, daß mein inniger, aufrichtiger Dank euch überzeugen könnte, wie sehr ich euch schäzze und verehre!

Benno. Sprecht immer so, und ich bin der glüklichste unter den Sterblichen.

Mathilde. Wir sind Zweige eines Stammes, Verwandtschaft vereinigt uns, das süße Band der Freundschaft soll diese Vereinigung befestigen.

Benno. Ich danke euch! ich danke euch!

Mathilde. Die Urkunden, welche ich so lange mit größter Begierde suchte, und auf eurer Veste fand, haben mich überzeugt, daß euch, als dem einzigen männlichen Zweige, das Erbe gebühre, ich weiche dankbar zurük, und trete es euch willig ab.

Benno. Nicht so! Nein, so nicht!

Mathilde. Wollt, könnt ihrs anders ordnen?

Benno. Ich kanns, ich vermags! (rasch, und feurig) Les't in meinem Herzen, und entscheidet.

Mathilde. Guter Benno, ich thats schon gestern.

Benno. Heil mir, Glüklichem!

Mathilde. Ritter, ich verstehe euch nicht.

Benno. Was nuzt fernere Verstellung? Ihr sollt alles hören, wissen und mein Glük entscheiden. Von Jugend auf, haßte ich alles, was Weib sich nannte, weil immer eine derselben meine Wünsche hinderte, meine Frei-

heit fesseln wollte. Wie ich zum Manne
reifte, da engten oft andre Empfindungen
mein Herz, ich unterdrükte sie standhaft, als
aber Agnese mir Liebe stammelte, da fühlte
ich deutlich, daß die Liebe eines treuen Wei=
bes glüklich machen müsse.

Mathilde. (hastig) Ihr liebt also
wirklich noch Agnesen? (mit Zwange)
Dann genieße ich ja heute ein unverhofftes
Vergnügen. Gönnt mirs in seiner Fülle,
laßt mich die Glükliche seyn, welche mit dieser
freudenreichen Bothschaft der Trauernden Herz
füllt, und ihre Thränen troknet. Ihr ver=
sagt mir doch diese Bitte nicht? Ich eile
zu ihr!

Benno. (sie zurükhaltend) Bleibt,
Ihr irrt mächtig. Ich liebe nicht sie, ich
verehre, ich liebe nur euch! — Zürnt ob

meiner Kühnheit, so lange ihr wollt, aber gedenkt dabei der Macht eurer Reize, und verzeiht sie wenigstens um deswillen. Ich habe oft gehört, daß man der Geliebten seines Herzens erst Jahre lang Minne dienen muß, ehe mans wagen darf, mit ihr von Liebe zu sprechen, aber ich kann nicht so lange harren, will und mag die Qual der Ungewißheit nicht länger tragen, werde weniger leiden, wenn ich mich unglüklich sehe, als wenn ich mich glüklich träume, und stets unglüklich erwache. Ich vermags nicht, euch meine innige, reine Liebe durch glänzende Worte zu schildern, aber sie weicht deswegen doch keiner an Größe und Stärke. Wie ich euch zum erstenmale auf Emmerfelds Veste sah, wie euer großes Auge fürchterlich rollte und wieder freundlich lächelte, wie ihr gleich einer gefangnen Löwin die Gitter eures Gemachs schüttelter, und mich zur Erlösung ermahntet, da schwur ich, euch mit Gottes Hülfe zu befreien, und dann aufrichtig zu gestehen, daß solch ein Weib mich glücklich machen könne. Haltet es nun, wie's eurem Herzen weise dünkt, das meinige hat offen mit euch gesprochen.

Mathilde. (mit innigem Gefühle) Edler, biedrer Mann! Sei Vasall, sei Edelknecht des geringsten Fürsten deines Landes! Stelle dich neben dem mächtigsten Königssohne, laß diesen mir deine Krone bieten, und reiche du mir deine Hand, ich werde mit meiner Rechten sie zärtlich drücken, und mit meiner Linken die Königskrone verächtlich zurückstoßen.

Benno. Habe ich — Verstehe ich euch wirklich — — Wär's möglich — — Könnte ich hoffen? — — Wäre ich wirklich der Glückliche? — —

Mathilde. (ihn umarmend) Ich bins — — Ich bin die Glükliche, wenn du mich liebst!

Benno. Dank! Dank! Giebts denn nichts stärkeres, nichts kräftigers, als nur Dank, als nur Worte für solch ein Wonnegefühl — — O verzeiht, vergebt! Ich weiß nicht — — ich rede vielleicht Unsinn — — Mags! Mags! Fühle ichs doch, daß ich der Glüklichste unter den Sterblichen bin! Mathilde! Geliebte, theure Mathilde! Vor des Allwissenden Ohre, vor des Allsehenden Auge schwöre ichs feierlich: Nie solls dich reuen, daß du mich unaussprechlich glüklich gemacht hast! — —.

Ich ende ein Gespräch, dessen Ausgang meine Leser ohnehin errathen und voraussehen können. Benno empfing am Ende den ersten

Kuß der reinen Liebe, und mit ihm die Versicherung der ewigen Treue. Mathilde versicherte ihn wiederholt, daß sie ihm nicht aus Absichten oder Eigennuz ihre Hand zum ewigen Bunde reiche, und Benno entgegnete stets, daß er keinen Anspruch auf das reiche Erbe mache, mit dem schäzbaren Kleinode ihrer Liebe vollauf zufrieden sei.

Die Liebenden vergaßen alles um sich her, sie sahen Agnesens Thränen nicht, sie verscherzten, vertändelten die Zeit mit der süßen Vorstellung des künftigen Genusses, und staunten, als sie am Ende überzeugt wurden, daß drei volle Tage in dieser Unthätigkeit verflossen waren.

———

Sieben und dreißigstes Kapitel.

Die Rache beginnt, die Rächer rüsten sich, und vollenden.

Der alte Emmersfeld wekte sie aus ihrem Traume. Er kam zum Besuche auf Bennos Veste, und freute sich, als er den Ritter gesund erblikte, und dieser ihn mit warmer Freundschaft bewillkommte.

Emmersfeld. Gott sei Dank! Dein Willkomm beweist mir schon, daß du mich der Theilnahme an den Bubenstükken, welche man an dir übte, nicht fähig hältst. Ich ward gleich dir schändlich betrogen, und komme, dich zu fragen: Ob du Antheil nehmen willst an der gerechten Rache, die ich an den Betriegern üben will?

Benno. Ha! Du erinnerst mich zur rechten Zeit, ich vergaß über mein Glük der Pflicht des Ritters. Wen soll deine Rache treffen?

Emmersfeld. Das Kloster, welches durch seinen schändlichen Betrug, sich so lange mit dem Fette meines Stammes nährte, stets den Kern unsrer Früchte genoß, uns kaum erlaubte, an den Schalen derselben zu nagen. Deine Bundsgenossen, welche den kühnen Landgrafen züchtigten, und ihn nach Thüringen jagten, erzählten mir alles, was sie von dir vernommen hatten. Ich gestehe dirs offenherzig, daß ich, des Trugs gewohnt, lange daran zweifelte, und es kaum über meinen Verstand vermochte, mich durch den Augenschein zu überzeugen. Ich untersuchte den Thurm, fand ihren Gang, und zitterte jezt vor Begierde nach Rache. Als ich sie gestern üben wollte, gedachte ich deiner, fühlte, wie wohl dirs behagen würde, wenn du, betrogen gleich mir, dich am Vollzuge laben könntest. Ich komme dich einzuladen zum Feste, welches ich morgen den Mönchen geben will.

Benno. Ich ahnde dein Vorhaben, es ist gerecht, aber ich billige es nicht. Nimm zurük, was dein ist, und laß sie in Frieden ziehen.

Emmersfeld. So wäre Großmuth wirklich süßer als Rache, und der geheime Wink meines Herzens kein weibisches Gefühl? Schon gestern dachte ich gleich dir, und schämte mich dessen. Du billigst es, und mir ist es leichter.

Benno. Was würde deine Rache fruchten? Du stehst schon nahe am Grabe, sie würden dirs schwer machen, in Friede und Ruhe hinabzusteigen, wenn du deine Hand mit ihrem Blute beflecktest. Von allen Ekken würde Bannfluch über den Mörder ertönen, der freilich nur Rächer war — —

Emmersfeld. O du sprichst weise und gut. Ich will deines Raths achten, und ihn nüzzen. Ziehe mit mir, und sei Zeuge, wie ich richte.

Benno. Ich habe daheim der Geschäfte zu viel, ich muß — — Doch zu was bedarfs der Verstellung gegen den erfahrnen Greis, der sich am Ende seiner Tage wohl noch erinnern wird, wies ihm war, als er um sein Weib freite, wies ihm engte, wenn er sie einige Tage lang missen sollte. Emmersfeld, ich liebe, liebe innig und warm! Mir grauts, wenn ich an Scheidung denke.

Emmersfeld. Dann bleibe daheim, und fördere deinen Wunsch nach Kräften, ich will ihn nicht hindern, und deine Rachepflicht mit erfüllen. Morgen, wenn du mit deinem Lieb, chen am Fenster stehst, mit ihr die Millionen Sterne des heitern Himmels bewunderst, und den Schöpfer fragst: Ob er in diesen tausend und tausend Welten einen Glüklichern als dich schuf? Da zürne nicht, wenn ich dein Gefühl störe, wenn deine Geliebte er, schrotten empor zittert, und ängstlich forscht: Was der ferne Rauch und Dampf, die hoch lo, dernde Flamme bedeute? Dann sage ihr kühn, der Rächer begann, der Rächer hat vollendet.

Benno. Du wirst das Volk empören, es wird denjenigen hassen, welcher die Stätte zerstörte, an welcher es Gott zu dienen ge, wohnt war. Wäre ich, wie du — —

Emmersfeld. Nun, was thätest du denn?

Benno. Ich jagte die Mönche von dannen, ließ ihre Güter durch meinen Vogt verwalten, und soldete einige redliche Priester, die Gott, wie ehe und zuvor, in der Kirche dienten, welche sie ihm zu Ehren erbauten.

Emmersfeld. Hm! Nun wunderts mich nicht mehr, daß die Pfaffen oft so lose und böse Thaten üben, denn sie müssen der Liebe entsagen, die allein fähig ist, die Leidenschaften des Menschen zu bändigen, uns zu schönen Handlungen zu ermuntern. Ich will thun, was dein liebendes, dein sanftes Herz gebietet, ich will jedem dieser gottlosen Wichte einen Zehrpfennig auf die zitternde Hand legen, und ihnen zurufen: Diesen verdankt ihr der schonenden Liebe, die ihr verläugnen müßt!

Benno. Du wirst auch mirs einst danken, und in der lezten Stunde deines Lebens mit Wohlgefallen auf diese Handlung blikken.

Emmersfeld hatte wirklich die Ursache der so sanften Empfindung des Ritters errathen; Die Liebe, welche in seinem Herzen thronte, machte es unfähig, Vergnügen am Gefühle der Rache zu finden. Er dünkte sich unaussprechlich glüklich, ihm thats weh, daß er andere unglüklich machen sollte. Emmersfelds Reden hatten ihn an den gefangnen Elias erinnert, er fühlte, daß er an diesem heillosen Buben ebenfalls Rache üben müsse, aber dieß Gefühl störte sein Glük, er rief den Vogt zu sich, und gebot ihm, daß er die Gefangnen wohl halten, ihnen Speise und Trank in Fülle gewähren solle. Dieß war die ganze Rache, welcher er in diesen seligen Augenblikken fähig war.

Mathilde, welche am Ende auch Antheil am Gespräche nahm, und von Emmersfelden den Rath ihres Benno vernahm, lohnte es dem letztern mit liebevollem Blikke und Kusse. Ich habe, sprach sie lächelnd, in Deutschland ein Glük gefunden, das ich bisher nicht kannte, ich suchte Länder zu erben, und erbte ein Herz, das ihren Werth weit übersteigt.

Ehe zwei Monden verflossen, feierte Benno sein Hochzeitfest mit Mathilden. Weder Hermella, noch Agnese waren Zeugen seines Glüks, sie zogen schon lange zuvor nach einer andern Veste, die ihnen der Ritter zum Erb und Eigenthum geschenkt hatte. Agnese schied mit Thränen, aber mit der Ueberzeugung, daß sie nicht fähig gewesen wäre, den geliebten Benno so glüklich zu machen, wie sie ihn in den Armen Mathildens verließ. Noch herrschte Jubel auf der Veste, noch feierten die Freunde und Nachbarn rings umher auf der Burg das Hochzeitfeß, als Bothen des Kaiser Friedrichs daselbst anlangten. Sie brachten ein Schreiben ihres Herrn an Mathilden, sie ergriffs mit zitternder Hand, ahndete neue Verfolgung, und rief ihren Gatten abseits. Bald erheiterte sich aber ihr Blik, als sie den Inhalt desselben las, und ihn nun dem horchenden Gatten verkündigte.

„Mein Sohn Enzius, schrieb der Kaiser, welcher in die Hände des Thüringer Landgrafen fiel, und durch die Tapferkeit der treuen, schwäbischen Ritterschaft wieder aus seiner Gefangenschaft errettet wurde, hat mir die kühne That erzählt, welche er an euch übte. Ich kann jetzt weiter nichts thun, als sie höchst mißbilligen, und wie der gut machen, was er verbrach. Meine Abgesandten haben den ernsten Auftrag, euch aus der so unbilligen Verwahrung zu retten, wenn ihr noch darin schmachtet, euch in meinem und seinem Namen um Vergebung zu bitten, wenn sie euch schon frei finden. Ich liebe den Sohn einer ehemals sehr zärtlichen Liebe, ich kanns euch nicht bergen, daß es mein sehnlicher Wunsch war, eure Liebe zu erhalten, und durch diese glüklich zu werden. Ich sandte ihn aus dieser Absicht nach Deutschland, und ahndete nicht, daß er so unklug enden würde, jezt muß ich meine Wünsche unterdrükken, denn Erneuerung derselben würde, müßte euch beleidigen. Ich harre eurer baldigen Rükkehr mit Sehnsucht entgegen, ich hoffe, daß ihr in euerm Unternehmen glüklich wart, und alles fandet, was mich in den Stand

sezzen kann, eure gekränkten Rechte mit
Nachdruk zu vertheidigen. Ich werde diese
theure Pflicht nach Kräften erfüllen, um
euch zu versöhnen, und zu überzeugen,
daß ich nie aufhörte, euer Freund und
Vater zu seyn."

Durch dieß Schreiben wurden in Mathildens Herzen aufs neue die Wünsche gewekt,
welche bisher die Liebe wohl unterdrükken,
aber nicht vernichten konnte. Sie heischte
ihres Gatten Rath, und er versprach, alles
zu thun, was ihr weise dünke, ihr Glük
fördern könne. Mathilde beantwortete nun
das Schreiben des Kaisers, vergab dem Enzius seine kühne That, berichtete ihre Ehe
mit dem Ritter Benno, und versprach bald
mit ihm nach Italien zu kommen, um die
Rechte seiner und ihrer Geburt aufs vollstän-
digste zu beweisen.

Benno hatte kein Gefühl für Hoheit und Größe, die Liebe gründete sein Glük, ein ruhiger, stiller Lebenswandel im vaterlichen Gefilde war alles, was er zur gänzlichen Zufriedenheit wünschte und erwartete. Seine Stirne faltete sich daher unwillkührlich, wenn er der künftigen Zeiten gedachte, neuen Sturm, Gefahr und Verfolgung voraussah. Er schlich trauernd umher, als Mathilde der nahen Abreise gedachte, er blikte kummervoll und ahndend in die Gegend, wenn sie absichtlich Italiens fruchtbare Gefilde lobpreiste, Sehnsucht darnach in seinem Herzen wekken wollte. Ich folge, sprach er dann immer, willig dahin, weil es deinen Wunsch, dein Glük förbert, aber ich würde mit größter Freude allem Anspruch darauf entsagen, wenn du gleich mir dein Glük im stillen, ruhigen Genusse des heitern Lebens finden könntest.

Es gelang Mathilden selten, ihn aus diesem Tiefsinne zu wekken, zum schönern, höhern Lohne vorzubereiten, sein Herz hing am Vaterlande, an dem väterlichen Erbe, es konnte sich kein Glük ohne beides denken.

All dieser Gesinnungen ungeachtet machte er aber doch Anstalt zur Abreise. Schon war der Tag bestimmt, an welchem er Deutschland auf immer verlassen wollte, als der Vogt vor ihm trat, und forschte: Wie er's Zeit seiner Abwesenheit mit den Gefangenen gehalten wissen wolle? Ob er fernerhin sie so wohl pflegen, und den treuen Reisigen dadurch Kost und Trunk schmälern solle? — Bennos Mißmuth hatte sich eben stark gemehrt, er kehrte von der Jagd zurük, hatte Abschied genommen von all den Gegenden, in welchen er einst so heitere Stunden genoß, er war daher in einer Lage, welche ihn zur

Härte und der so lange verzögerten Rache
wieder fähig machte. Du erinnerst mich eben
recht, antwortete er dem Vogte, ich will
dich von dieser Last befreien, und meinen
Getreuen nicht länger die gewohnte Kost entziehen. Oeffne die Thüren des Gefängnisses,
stelle ihre Bewohner in den Vorhof, ich will
über sie richten!

Der Vogt befolgte seines Herrn Gebot,
und kam ihn abzuholen, als alles bereit
war. Benno schritt einigemal vor der langen Reihe auf und nieder, sein Blut wallte,
sein Körper zitterte, als er unter ihnen
abermals den Elias erblikte. Rükerinnerung
all seiner schändlichen Thaten und Buben-
stükke erwachte in seinem Herzen. Begierde
nach Rache gesellte sich eilfertig dazu, und
förderte seine Handlungen. Stelle diesen, sprach
er zum Vogte, abseits, mit ihm will ich am

Ende sprechen, wenn ich die übrigen gerichtet habe.

Der Vogt vollzogs, und Bennos Wuth mäßigte sich. Er sprach gütig mit den Gefangnen, forschte nach jedes Stand und Namen, und erfuhr, daß sie allesammt Thüringer waren, ihres Landgrafen Aufgebot als treue Vasallen achteten, mit ihm auszogen, und wider diejenigen kämpften, welche er für seine Feinde erklärte.

Benno. Dann kann ich nicht über euch richten. Ihr wart treue Diener eures Herrn, ich würde den meinigen allen Muth benehmen, wenn ich dasjenige, was ich unbedingt von ihnen fordre, an euch strafen wollte. Seid frei, zieht heim, und verkündigt euerm Herrn, daß Ritter Benno von Elsenburg nicht gewohnt sei, die Treue der Vasallen

zu strafen, nur Rache an demjenigen fordern
könne, der sie zur Störung des Landfrie-
dens verleitete, und diese Rache bei jeder
Gelegenheit üben werde, sie indeß Gott
überlasse.

Die befreiten Gefangnen dankten mit
lauter, gerührter Stimme. Die Rache,
sprach einer aus ihnen, welche du an unserm
Herrn übtest, ist groß, du verpflichtest den
Ehrgeizigen zum Danke, du raubst ihm die
Kraft, dich ferner zu befehden, denn keiner
aus uns, wird jemals mehr gegen dich sein
Schwerdt aufheben. Thut, entgegnete Benno,
was euch Pflicht und Gewissen gebeut, ich
handle nach dem Rathe des meinigen, und
heische euern Dank nicht. (zum Vogte)
Oeffne die Thore! Zieht ungehindert aus,
ich gewährte euch Freiheit, und ihr Beginnen
muß meinen Worten Kraft geben.

Was soll ich nun mit dir — mit dir, für den ich keinen Namen habe, beginnen? — sprach Benno zum Elias, als die Gefangnen ausgezogen waren, und ihr Jubel noch laut zurücktönte.

Elias. Wollt ihr mich noch härter, noch strenger strafen?

Benno. Bube! Hat deine Strafe schon begonnen?

Elias. Ihr könnt noch fragen? Hört ihr den Jubel der Erlösten? Er ist meinem Ohre Folter, schmerzt tiefer als der Tod. Sie waren Theilnehmer meiner That, sie sind frei! Und ich — ich schmachte in Ketten. — Auch ich diene einem Herrn, auch ich gelobte ihm Treue, und vollzog nur seine Befehle, wenn ich euch ins Verderben lokte. Warum seid ihr nur großmüthig gegen diese? Nur grausam gegen mich?

Benno. Hätte ich dich gleich diesen auf der Bahn der offnen Fehde getroffen, du müßtest auch in ihrer Mitte ziehen. Aber du kamst im frieblicher Kleidung auf meine Burg, genoßeß Gaßfreiheit, und schändeteß sie schreklich. Ich nannte dich Freund, ich — — O ich darf mich nicht rükerinnern, mein losbernder Zorn würde dann vergebens nach Rache umherspähen, sich an der schreklichsten nicht sättigen, und mich immer während martern.

Elias. Ich bin in deinen Händen. Qualvoller Tod erwartet mich, ich werde ihn standhaft dulden, die Gewißheit, daß meine Rächer schon nahen, wird mir die Schmerzen desselben verringern.

Benno. Unnennbarer! Du wagst es noch, zu drohen?

Elias. Ich wage es, und wiederhole meine Drohung. Morde mich heute noch, wenns dir gnügt, aber sage dann auch nicht, wenn morgen schon die Rache beginnt. Staune, wie du willst, ich bin bereit, meine Aussage zu beweisen. Rufe Mathilden herbei, nur sie kann die Wahrheit meiner Beweise prüfen.

Benno. Willst du mich wieder äffen?

Elias. Schneller Tod sei mein Loos, wenn ich den kleinsten deiner Zweifel nicht löse.

Mathilde stand am Fenster, sie hatte mit Wonne die schöne Handlung ihres Gatten im Stillen bewundert, sie lauschte ferner, um zu erwarten, wie er mit dem Grimsaldi enden würde. Benno blikte jezt hinauf, er sah sie, sein Wink zog sie herab. Elias nahm aus seinem Busen ein Schreiben heraus, und überreichte es ihr. Seid Dollmetscherin, edle Frau, sprach er, und erklärt euerm Ritter die Worte dieses Schreibens.

Mathildens Erstaunen, welches sich bei Durchlesung dieses Schreibens deutlich über ihr Gesichte verbreitete, machte den Ritter aufmerksam, er forschte nach dem Inhalte, Mathilde machte ihm solchen kund.

„Wir sind unfähig, stand darauf in wälischer Sprache geschrieben, eure Retter zu werden. Unsre Gewalt ist zu schwach, und die List kann nicht siegen, der Thurm, in welchem ihr schmachtet, gründet sich auf einen festen Felsen. Wir können, so sehr wir uns mühen, uns nicht durch ihn zu euch emporgraben. Vergebens prüfen wir die Treue der Diener und Reisigen dieser vermaledeiten Burg, sie ist so fest, wie ihre Mauern, wir würden alles wagen, und nichts gewinnen, wenn wir einen derselben zur Rache, zur Vergiftung des Ritters und seines nun vollendeten Weibes vorbereiten wollten. Selbst das Gift scheint gegen die Unüberwindlichen seine Kraft und Wirkung verlohren zu haben, wir vergifteten den Jägern vor einigen Tagen die Pfeile, sie schleppten viel Wildpret, welches sie wahrscheinlich mit diesen Pfeilen erlegt hatten, am andern Tage heim, und doch hören wir nicht, daß nur ein einziger aus ihnen sich nicht wohlbefinde. Noch stehen wir also immer am Rande der Kluft, welche uns trennt, suchen vergebens einen Pfad, welcher uns zu euch leiten soll. Aber verzagt deswegen nicht, wir sind zu allem entschlossen, wir werden das Aeußerste wagen, wenns zum Aeußersten kommt. Unsre Bothen sind von Rom zurükgekehrt, man trifft dort herrliche Anstalten, um den Kühnen die sichere Beute zu entreissen. Ehe, schreibt uns Guido, soll das erzürnte Meer seine Dämme durchbrechen, seine Ufer überströmen, und Mathildens Erbe auf ewig mit seinen Fluten bedekken, ehe ich, ehe wir zugeben, daß in diesen Gefilden ein neuer Stamm niste, und uns die nahe Hoffnung raube. Er verheißt uns zwiefachen Ersaz unsers Verlustes und Schadens, wenn wir die Ankunft der Erben nach Italien verhindern, er verspricht uns dreifachen Lohn, wenn wir euch nebenbei retten. Dieß spornt unsre Thätigkeit mächtig, und wir hoffen dich noch als Sieger zu grüßen. Der zwiefache Ersatz ist uns schon gewiß, wenn, wie die Sage es täglich mehr bestätigt, der Ritter sammt seinem Weibe nach Italien zieht. Tausende mögen sie umgeben, wir scheuen sie nicht! Ueberall, in jeder Herberge, auf jedem Tritte, an jeder Quelle lauert qualvoller Tod auf sie, er muß sie erreichen, sie können ihm nicht entfliehen. Nur dein ungewisses Schiksal ängstigt und quälet uns. So sehr wir den Auszug des Ritters wünschen, eben so sehr fürchten wir auch, daß er vorher blutige Rache an dir üben werde. Längst hätten wir schon Feuer in die Veste geworfen, und gehofft, daß seine Flammen den Rächer im Schlafe überraschen, und verzehren würde, wenn uns nicht die Gewißheit hinderte, daß dein theures Leben dadurch in augenscheinliche Gefahr gerathen würde. Du warst also bisher sein Schuz und Schirm! Weh ihm, wenn er ihn gewaltsam niederreißt, dann stirb als Held, als Märtyrer, dessen Andenken ewig in unsern Herzen leben wird. Stirb mit der süßen Hoffnung, daß deine Rächer leben, daß er dir bald folgen wird, — Höre den Schwur von Tausenden! — bald folgen muß. Wir dürfen dich wohl nicht erst erinnern, daß es deine Pflicht sei, dieß Schreiben sogleich zu vernichten, zerreiße es in viele Stükke, und scharre es in den Boden des Thurms, damit sein Daseyn verschwinde. Klirre wieder mit den Ketten, damit wir überzeugt werden, daß es in deine Hände fiel."

Benno. (voll Erstaunen) Wie ward dir dieß Schreiben? Wie nennt sich der Verräther, welcher dir es übergab? — — Bekenne! Denn schrekliche Martern werden

dir am Ende doch dieß Bekenntniß ent-
lokken.

Elias. Dazu bedarfs keiner Drohung! —
Keiner deiner Diener ward ein Verräther,
dafür bürgt dir das Schreiben selbst. Ich
will dir alles erzählen, dir stehts frei, mein
Geständniß nach aller Strenge zu prüfen.
Ich schmachtete bisher in einem unterirdischen
Gewölbe deines festen Thurmes. Nur am
Mittage, wenn die Sonne diesen Thurm beleuchtet, wird auch mein Gefängniß durch
eine hohe Oeffnung, die meine Hand nicht
erreichen kann, so stark erhellt, daß ich
deutlich sehen und lesen kann. Um diese Zeit,
wo die Wachen vielleicht am unthätigsten ihre
Pflicht erfüllen, oder wahrscheinlicher gar nicht
zugegen sind, ward schon dreimal durch diese
Oeffnung ein Schreiben in meinen Kerker herab
geworfen. Immer ward darin gefordert, daß

ich den richtigen Empfang deſſelben durch Kettengeraſſel beſtätigen ſollte.. Ich erfüllte die Forderung, und hörte nichts entgegen. Mir iſts unbekannt, nach welcher Seite die Oeffnung meines Kerkers geht, eben ſo wenig weiß ich: Ob es möglich ſei, daß ein Fremder ſich dem Thurme ſo weit nahen könne? aber daß es geſchah, dafür bürgt dir mein Leben.

Mathilde. Wo ſind die übrigen Schreiben?

Elias. Ich vernichtete ſie nach dem Gebote, ihr könnt die Stükke derſelben noch unter einem Steine in meinem Kerker finden. Ihr Inhalt war unwichtig, wichtiger ſchien mir dieſer, deswegen vernichtete ich das Schreiben nicht, weil es euch deutlich die Mittel zeigt, wie mein und euer Leben gerettet werden kann.

Benno. (hohnlachend) Dein und unser Leben?

Elias. Mein und euer Leben! Ich wiederhole diesen Ausdruk noch einmal, ob er euch gleich entrüstet, aber es ist höchst nöthig, daß ihr ihn faßt und nüzt.

Benno. Furcht vor dem nahen Tode hat dich wahnsinnig gemacht.

Elias. Weh euch, wenn ichs würde, dann wäret ihr ohne Rettung verlohren. Zürnt nicht, edler Ritter, ich will offen mit euch sprechen. Hört mich ruhig an, und urtheilt dann erst, ob ich gleich einem Wahnsinnigen denke. Mein Leben schwebt in Gefahr, aber das eurige und das Leben eures geliebten Weibes steht in weit größerer. Ihr könnt keinen Schritt ohne Furcht des Todes wagen, ich

habe wenigstens noch funfzig sichere zu machen, ehe ich den Marterplaz erreiche. Ueber
mir schwebt das Rachschwerdt eines Einzigen,
über eurem Haupte sind tausende gezukt, sie
werden sinken, und das erstere zerschmettern,
wenn ihr nicht schleunige Rettung sucht. Ich
will sie euch bieten, ich war bisher euer ge-
fährlichster, schreklichster Feind, ich will euer
Freund und Vertheidiger werden, will Rache
und Verfolgung von eurem Haupte entfernen,
will euch ruhige und freudenvolle Tage bereiten, wenn ihr meiner vorigen Thaten zu
vergessen, mir dagegen Freiheit und Leben
gelobt.

Benno. Ich brachte dir bisher ein
größeres Opfer, ich hörte mit Geduld deinen
Unsinn an, aber sie hat nun geendet, und
nichts soll meine Rache hindern.

Mathilde. Höre ihn weiter!

Benno. Du? Du? Seine Vorsprecherin. Erinnere dich seiner Thaten, und gerechte Schamröthe wird diese allzu gütige Großmuth verdrängen.

Mathilde. Der gerechte Richter muß auch den verworfensten Bösewicht hören.

Benno. So sprich dann, Bösewicht, und vertheidige dich, wenn du es vermagst.

Elias. Ich will mich nicht vertheidigen, nur mich, nur euch retten! — — Ihr ergrimmt über diesen Ausdruk, ich nehme ihn zurük, und bitte euch nur, mir geneigtes Gehör zu gönnen.

Benno. Mein geliebtes Weib bat für dich, längst wünschte ich sie klar und deutlich von der unendlichen Größe meiner Liebe zu überzeugen, ich freue mich ihr diese Ueberzeugung gewähren zu können, da ich alle meine Begierden, Wünsche und Sinne gefangen nehmen muß, um dich ruhig anzuhören.

Ellas. Ich danke euch, Donna, ich hoffe euch zu überzeugen, daß ihr nicht allein großmüthig, sondern auch gut gehandelt habt. Doch was ich euch alles vorzutragen habe, bedarf keiner Zeugen, laßt mich nach einem Orte leiten, wo ich ohne diese mit euch sprechen kann. — — Wähnt nicht, daß arge List im Hinterhalte laure, fesselt meine Hände noch enger, wenn sie euch gefährlich scheinen. Der gerechte und weise Lenker aller Dinge hat mein und euer Schiksal so eng in einander verwebt, daß eins dem andern beistehen, eins das andre retten muß. Sorgt also nicht, ich würde mich mit vernichten, wenn ich euch vernichten wollte.

Benno. (zu einigen Knechten) Führt ihn nach dem Saale! Wir folgen! (allein zu Mathilden) Was ist deine Absicht bei dieser Unterredung?

Mathilde. Ich kann, und will dirs nicht länger bergen: Das Schreiben hat schnellen und großen Eindruk auf mein Herz gemacht. Die Gewalt unsrer Feinde ist geschwächt, aber ihre Bosheit und List hat sich vergrößert. Wenn überall Verräther auf uns lauern, wenn jede Quelle uns Tod gewähren soll, so verachte ich Hoheit und Größe, will lieber ohne Furcht meinen Durst mit Wasser laben, als mit Todesangst den goldnen Becher leeren, welchen mir der Mundschenke meines Landes reicht.

Benno. (Mathilden umarmend) Weib meiner Seele, du sprichst, wie ich lange schon dachte. Ach! die Begierde nach Rache schwindet, nun kann ich den Bösewicht ruhig hören, wenn seine Rede mir Ruhe bereiten soll. Komm, ich will, ich muß ihn sprechen!

Er eilte an ihrer Hand nach dem Saale; Rede, sprach er zu dem Gefangnen, ich gewähre dir ruhiges Gehör.

Elias. Dann muß ich an euch und eure Donna vorher eine Frage wagen, muß euch dringend bitten, mir solche aufrichtig zu beantworten.

Benno. Frage! Aufrichtigkeit war von jeher der Liebling meines Herzens, ich will ihn auch gegen den Bösewicht nicht verläugnen.

Elias. Wollt ihr wirklich gen Italien ziehen? Wirklich unter dem Schuzze des Kaisers Mathildens Erbe in Besiz nehmen, euch von den Einwohnern des Landes huldigen lassen?

Mathilde. Können wir dieß alles nicht mit vollem Rechte?

Elias. Hier ist nicht die Frage vom Rechte, nur von eurem Willen. Ihr müßt bestimmt antworten, wenn ich bestimmt entscheiden soll.

Mathilde. Unser fester Wille wars!

Elias. Heil euch, wenn ers nur war! Heil euch, wenn er es nicht mehr ist, wenn er wenigstens nur wankt, sich, durch die Gröse der Gefahren geschrekt, lenken und leiten läßt. Ich wills nun versuchen, euch das Ende eures Unternehmens zu schildern, wills euch dann ruhig überlassen, ob ihr mir widersprechen wollt, widersprechen könnt. Die Urkunden, welche euch dieß Erbe sichern sollen, ruhen in euren Händen, ihr könnt durch sie eure Ansprüche beweisen, die niemand widerlegen kann und wird. Dieß ist aber auch alles, was ihr habt, und jemals besizzen werdet. Schon länger als hundert Jahre kämpft mit List und Gewalt der römische Hof um diese Länder. Erfahrung hat ihn überzeugt, daß er sich nie einen festen Siz in Rom gründen kann, immer flüchtig umher irren muß, wenn er sich nicht einen Staat, eine weltliche Macht stiftet, die den geistlichen Arm unterstüzt, wenn man ihm mit kühner Frechheit die Zügel entreissen will. Diese höchst nöthige und nüzliche Absicht zu erreichen, hat man ungeheure Summen aufgeopfert, diesen Plan durchzusetzen, sind alle verpflichtet, welche das Gewand der Kirche tragen, sich von ihren Schätzen nähren und ihr dienen. Die Anzahl der Verbündeten ist größer als das Heer aller Fürsten Europens. Ihre Gewalt kann keine Gegengewalt schwächen, sie wirkt ungehindert, weil sie im Verborgnen wirkt, sie kann nicht gehemmt werden, weil ihre Quelle nie versiegt; ihr vermögt sie auszuschöpfen, aber ihr könnts nicht hindern, daß sie sich wieder füllt, ihr könnt ihrem Laufe einen Damm entgegen stellen, aber ihr werdet eure vergebne Arbeit am Ende bereuen, wenn sie ihn gewaltsam übersteigt, oder einen andern Ausfluß gewinnt. Gegen diese unüberwindliche Gewalt wollt ihr nun kämpfen? Ihr? Ein Mann und ein Weib? Die Verbündeten stehen am Ziele ihrer Wünsche, der Kaiser kann die Uebergabe nicht länger hindern, wenn ihr ihm nicht Ursache dazu reicht. Dünkts euch nur scheinbar möglich, daß euer Unternehmen gelingen kann? Habt ihr den Inhalt des Schreibens erwogen? Und wenn Tausende euch umgeben, so werdet ihr Italiens Gefilde doch nicht erreichen. Ihr müßt essen, ihr müßt trinken; jeder Bissen, den euer Mund berührt, jeder Labetrunk des verborgensten Quelles wird euch zum Tode gereichen. Dies vermag die Zahl der Tausende und Tausende, weil ihr gegen ihre Wünsche strebt, weil ihr das Glük aller hindern wollt. Euer Tod wird zum verdienstvollsten Werke, weil er die Ruhe, das Glük aller Gläubigen fördert, die Anarchie der Kirche hindert, ihr eine Stüzze gewährt, auf welcher sie gründen und bauen kann! — — Soll ich noch weiter sprechen? Oder fühlt ihr schon das Gewicht meiner Gründe?

Benno. Nein, ende! Es ist dir gelungen! Du hast meinen schlafenden Muth geweckt, ich fühle mich stark genug, der Gefahr zu trozzen, zu siegen oder zu sterben!

Elias. So stirb, so ende qualvoll, wenn dir ein Ruhm gnügt, welchen nicht einmal deine nächsten Nachbarn lobpreisen werden, weil sie die Ursache desselben nicht ahnden. Stirb mit deinem Weibe, die vielleicht schon dein keimendes Wild unter ihrem Herzen trägt, dein Tod wird das Unternehmen nicht hindern, es vielmehr früher fördern. Ich gehe mit der Gewißheit voran, daß ich dich dort bereuend wiedersehe.

Mathilde. (erschüttert) Die Gefahr ist groß, größer als ich sie dachte. Es wäre thöricht, wenn ich das Gefühl derselben läugnen wollte. Kannst du sie hindern?

Elias. Ich kanns! Will und werde euch das ruhigste Leben bereiten, wenn ihr mir dagegen Freiheit und Leben gewährt.

Benno. Ha! Naht endlich die List! Nein, du sollst mich nicht mehr hintergehen. Willst du nicht etwan nach Rom ziehen, um uns Ruhe und Sicherheit zu erbetteln?

Elias. Nein! Ich will Bürge und Geisel bleiben, will bloß durch Sendschreiben wirken, und nicht eher Lohn fordern, bis ich ihn verdiene.

Benno. Das heißt mit deutlichern Worten, du willst die gerechte Rache hindern, weil du die Rettung deiner Freunde erwartest.

Elias. Laßt mich strenger bewachen, sichert mich vor jeder möglichen Hülfe, stellt

Wächter an meine Thüre, an mein Lager. Sinnt indeß auf den qualvollsten Tod, übt ihn an mir, wenn ich mein Wort nicht erfülle, vollzieht ihn sogleich, wenn ihr unter der Zeit, welche ihr ruhig harren müßt, nur die mögliche Spur einer gewagten Rettung bemerkt.

Benno. Und ich sollte am Ende alles vergeben, alles vergessen, was du so schändlich an mir übtest? Vergessen den schimpflichen Trug, den Mißbrauch der Gastfreiheit, der heiligen Freundschaft?

Elias. Wird dieß Andenken mein Tod wohl tilgen?

Benno. Gerechte Rache wirds wenigstens versüßen und erträglich machen.

Elias. Wenn ihrs genießen könntet, nicht schneller Tod euch jedes Bewußtseyn raubte. Ich handelte unedel an euch, aber ich handelte aus Pflicht. Ihr standet meinem Glükke im Wege, ihr hindertet den Genuß desselben, ich mußte gegen beides kämpfen, um das erstere zu erreichen. Stellt Tausende in meine Lage, und seht zu: Ob einer oder hunderte nicht schlechter handeln? Wir sind Geschöpfe eines Einzigen, er legte in aller Herzen den Durst nach Ruhm und Glük. Ihr handelt unrecht, wenn ihr denjenigen, welcher es auf dem geraden Wege sucht und findet, einen Helden, einen biedern, redlichen Mann nennt; ihr übt eine noch größere Ungerechtigkeit, wenn ihr denjenigen, der auf einem Seitenwege darauf lauert, einen Gauner, einen ehrlosen Betrieger scheltet. Er ging, traut meinen Worten, mit jenem auf gleicher Bahn, aber er fand nicht, was er suchte, sein Durst, seine Begierde ward darum nicht minder, vielmehr weit heftiger, er sah Tausende die Heerstraße verlassen, und am Nebenwege auf Leute lauern, er folgte nach, weil er keinen andern Weg fand.

Benno. Sprich so bis morgen, und du hast doch nur erwiesen, daß du ein Gauner, ein heilloser Bube warst.

Elias. Nennt mich, wie ihr wollt, der Name schadet der Handlung nichts. Werdet ihrs dem Hungrigen wohl verdenken, wenn er euch ein Huhn raubt, wenn er — —

Benno. Schweig, Schwätzer, du überlistest mich nicht!

Elias. Das wäre eine erbärmliche List, die so offen spricht. Ich wollte euch nur bewegen, daß ihr nicht allein die That, sondern auch die Ursache richten sollt. Mein Vater hinterließ mir kein ander Erbtheil als seinen edlen Namen, aber dieser stillte nicht meinen Hunger und Durst, befriedigte nicht das geringste meiner Bedürfnisse, hinderte mich vielmehr, mein tägliches Brod durch Arbeit und Schweiß zu verdienen. Ich mußte von früher Jugend auf die Brodsamen genießen, die von der Reichen Tische fielen, ich mußte kriechen und heucheln, um sie sammeln zu dürfen. Ich sah, wie sie schwelgten, wie sie in Freude und Wonne lebten, ich hatte Sinn und Leidenschaft gleich ihnen, ich ward begierig darnach, prüfte die Wege, auf welchen ihre Ahnen, ihre Vorfahren ihnen dieß Glük bereitet hatten, und sah zu meinem Erstaunen, daß viele sich Stufen von Men

schenschädeln bauten, den glatten Pfad mit
Thränen der Wittwen und Waisen befeuchte,
ten, um sicher darauf wandeln, und die Hö,
he erklettern zu können. Was Wunder, daß
ich nachzuahmen suchte, Nachahmer ward,
da kein andrer Pfad mir offen stand, da man
meine Begierden noch obendrein reizte. O
ehrlicher, biedrer Ritter, es ist leicht ehrlich
und bieder zu handeln, wenn die Begierden
schlafen, und die Sinne gesättigt werden!
Dann kann der Trieb nach Tugend und Red,
lichkeit, der in uns allen keimt, leicht Wur,
zel fassen, und dem möglichen Sturme troz,
zen, aber wenn die Begierde wacht, wenn
die Sinne reizen, Tugend und Redlichkeit
dich mit leerem Troste, mit Jammer und
Kummer füttert, dann ist's unerreichbare
Kunst, zu stehen, und nicht zu fallen. — —
(zu Mathilden) Donna, ich kehre in
meinen Kerker zurük, überlegt mit euerm

Gatten meinen Vorschlag, prüft ihn, und laßt mirs wissen, wenn er euch gnügt.

Er ging, Benno winkte den Knechten, die vor der Thüre harrten, sie empfingen ihn, und leiteten ihn nach dem Gefängnisse. Der Ritter ging in tiefen Gedanken auf und nieder, Mathilde saß nachdenkend auf dem Lehnstuhle, jedes fühlte die Gefahr, und rang nach Mitteln, sie abzuwenden. Nach einer Weile eilte Benno hinab, er untersuchte die schon bekannte Lage des Thurms, er fand, was er vorher schon wußte, daß die Oeffnung, welche dem Kerker des Elias Licht gab, nach den Zwinger führe, daß eine hohe Mauer, jeden Zutritt von außen unmöglich mache, und der Ueberbringer des Schreibens, in die Veste eingegangen seyn müsse. Er berief die Jäger, und forschte: Wie sie auf der lezten Jagd das Wild erlegten? Er erfuhr zu seiner Freude, daß sie es im Netze fingen, erstaunte aber bald, als einige aus ihnen hervortraten, und ihm erzählten, daß auf der Jagd, welche sie am Morgen veranstalteten, fünf Hunde unter schrecklichem Geheule auf der Stelle starben, als sie das Blut des erlegten Wildes leckten. Benno ging mit ihnen nach der Wildkammer, er gebot andern Hunden das Fleisch vorzuwerfen, und es erfolgte ein eben so schneller Tod. Es war nun entschieden, daß die Pfeile, und durch diese das Wild vergiftet ward, er befahl beides zu vertilgen, ging mit schwerem Herzen zu Mathilden, und sank gerührt in ihre Arme.

Die Begierde nach Rache, sprach er, mindert sich mächtig! Der Bube hat oft nach deinem, nach meinem Leben getrachtet, aber er hat heute beides gerettet. Ich kann

vergiftetes Wildpret in der Kammer, wir
würden morgen schon geendet haben, wenn er
uns nicht gewarnt hätte.

Mathilde. Schreklich! Schreklich!

Benno. Und noch schreklicher, daß wir
stets in neuer Gefahr schweben, ihr immer
nur entrinnen, um in eine größere zu
fallen.

Mathilde. Das Opfer, welches sie
fodern, ist groß, und der Verkauf der Rechte, welche uns die Geburt gab, ist schändlich.

Benno. Ich will dich zu keinem Entschlusse leiten, ich verspreche dir vielmehr,
dem deinen beizupflichten. Erwäge Ruhm
und Größe, erwäge aber auch die Gefahr!
Wir können das erstere ohne die leztere

nicht genießen, wir müssen der letztern unterliegen, ehe wir das erstere genossen haben!

Mathilde. Gönne mir Zeit bis Morgen, dann will ich deiner Erinnerung achten, deinen Rath hören.

Der Tag schwand nun in traurigem Nachdenken. Beide standen hungrig und durstig vom Abendmahle auf, weil sie in jeder Speise, in jedem Becher Gift erblikten, sie lagen schlaflos auf ihrem Lager, und durchwachten die Nacht seufzend. Kaum hatte Benno die aufgehende Sonne mit düsterm Blikke begrüßt, als sein Vogt vor ihm trat, und ihm die Ankunft einiger Abgesandten des Kaisers Friedrichs meldete. Er bewillkommte sie mit Ehrfurcht, und führte sie zu seinem Weibe, an welches sie ein Schreiben überbrachten. Mathilde las es mit sichtbarer Rührung, und gebot, die Gesandten nach dem Saale zu leiten, um mit ihrem Ritter allein sprechen zu können.

Die Gefahr, sagte sie mit Thränen im Auge, vergrößert sich. Unser einziger Freund, der Kaiser, wankt, wir verlieren seinen Schuz, wenn wir fortfahren, unsern Entzwek auszuführen. Er schreibt mir, daß ihn die Exkommunikation des Papstes schwer drükke, täglich neue Feinde wekke, und seine Tage mit Kummer fülle. Er wünscht Versöhnung, und hofft sie durch deine und meine Entsagung zu erhalten. Wenn er dem Papste die Abtretung des Mathildischen Erbes bietet, so hofft er, da der Gegenkaiser Heinrich in Thüringen plözlich gestorben ist, den Frieden in Deutschland herzustellen, ihn selbst nach Italiens Gefilden zu leiten, und seine Erbländer vor Verheerung zu sichern. Er erwartet meine Meinung, um werkthätig an dem Glükke so vieler Nationen arbeiten zu können, er gesteht aufrichtig, daß er das Wohl eines Einzigen vergessen müsse, wenn das Glük vieler Millionen dieß Opfer heische.

Benno. Ich heische nicht Fehde und Verheerung, ich würde mein Leben opfern, wenns dem Vaterlande Friede und Ruhe gewähren könnte, ich entsage daher willig dem Wunsche nach Hoheit und Größe, der meinem gnügsamen Herzen nie behagen wollte.

Mathilde. Auch ich entsage, und hoffe, daß deine Liebe mir Entsaz meines Opfers werden soll!

Benno. (sie umarmend) Ach, ich fühle mich ganz glüklich! Warum sollte ich nach unerreichbarem Glükke streben?

Sie sprachen noch lange in diesem Tone, suchten Trost in ihrer gegenseitigen Liebe, und fanden ihn. Mathilde bat in einem Gegenschreiben den Kaiser, daß er ihrer Ansprüche nicht achten, und ungehindert handeln möge, um das Glük seiner Völker nach Kräften zu fördern.

Wie die Abgesandten ausgezogen waren, erinnerte sich Benno der Gefahr, in welcher er mit seinem Weibe täglich schwebe, und gedachte des Elias, welcher sie zu vernichten versprochen hatte. Er sandte nach dem Kerker, und Elias ward nach seinem Gemache geführt.

Benno. Ich habe deinen Rath erwogen, und finde ihn heilsam.

Elias. Ich wünsche euch Glük dazu!

Benno. Beginne! Sezze dich und schreib!

Elias. So gefesselt vermag ichs nicht.

Benno. (zu den Knechten) Löst seine Fesseln. (sie befolgen sein Gebot, und entfernen sich)

Benno. (zieht sein Schwerd) Dieß soll und wird mich schüzzen, wenn dich ein verborgner Dolch zum Meuchelmorde reizen könnte.

Elias. Ritter, ich verdenke euch diese Vorsorge nicht, aber sie ist unnöthig. Wäre ich auch mit hundert Dolchen bewaffnet, ich würde sie nicht gegen euch gebrauchen. Von nun an hat alle Fehde geendet, von nun an handle ich offen und redlich! Dieß schwöre ich bei meinem Leben, das ich retten will, nur durch euch retten kann! Doch ehe ich handle, sei auch mir eine Frage erlaubt.

Benno. Frage!

Elias. Wollt ihr mir Freiheit und Leben gewähren, wenn ich mein Versprechen erfülle, euer Leben vor Verfolgung schütze, und euch ein glänzendes Glük im deutschen Vaterlande bereite?

Benno. Ich entsage der Rache, du hast sie gestern schon entkräftet.

Elias. Ihr versprecht wenig, aber auch dies wenige Versprechen gnügt mir, denn ich habe euer gutes Herz, eure biedre Großmuth oft geprüft, und sie immer bewährt gefunden. Jezt hört meinen Vorschlag.

Alle Gefahr eures Lebens soll schwinden, alle die Tausende, welche zur Rache bereit stehen, sollen weichen oder euch freundschaftlich die Hand bieten, wenn ihr dagegen sammt euerm Weibe allem Rechte, welches ihr jetzt oder in Zukunft auf Mathildens Erbe haben könnt, haben möchtet, in eurer und eurer Erben Namen feierlich entsagt, alle Urkunden den Abgesandten des römischen Hofes willig überreicht, und eben so willig gelobt, nie mit euerm Weibe nach Italien zurückzukehren.

Benno. Verdammt!

Elias. Zürnt nicht zur Unzeit. Eure Weib besitzt schöne Güter in Italien, der römische Hof ist Käufer derselben, der Werth soll ihr reichlich bezahlt werden. Eure Rechte auf der Vorahnen Erbe sind gegründet, ihr könnt den Ansprüchen darauf nicht ohne Vortheil entsagen. (Benno will sprechen) Laßt euch nicht durch den Glanz einer falschen Großmuth blenden, nehmt, was man euch bieten wird. Es ist kein Geschenk, es ist ein gerechter Preis, den ihr euren Erben nicht entziehen könnt, wenn ihr anders nicht unbillig gegen sie handeln wollt.

Benno. Ich mag kein freies Volk verkaufen.

Ellas. Sichert im Vertrage seine Freiheiten, so habt ihr mehr gethan, als es von euch erwarten konnte. Wird sein Loos glüklicher seyn, wenn ihr euer Leben opfert, und es der Willkühr des Siegers überlaßt? Erwägt meinen Vorschlag, prüft ihn mit eurer Gattin, sie wird seine Billigkeit erkennen, und mir Beifall geben. Freiwilliger

Entsagung muß Lohn folgen, damit ihr euch in Deutschland ein Erbe gründen könnt, welches euern Stamm mächtig und ruhmvoll macht. Wirds euch nicht angenehmer seyn, wenn er ungehindert im deutschen Vaterlande blüht, da er ganz gewiß in Italien verdorren müßte? (Benno will gehen) Noch eins, ehe ihr geht. Euer Weib wird der Gedanke, sich auf ewig vom Vaterlande trennen zu müssen, empören, aber diese Trennung ist nothwendig, muß gefordert werden, weil ihre Gegenwart nur Gelegenheit zur Meuterei, zum Mißvergnügen geben würde, euer und ihr Leben in Gefahr setzen würde.

Benno ging mit schwerem Herzen zu Mathilden, er hatte viel zu fordern, sollte alle Wünsche des Ehrgeizes in ihr unterdrücken, ihr sogar das Theuerste, die Rückkehr in ihr Vaterland, rauben, er erstaunte, als er sie zu allem bereit, so gar zuvorkommend fand, er umarmte sie mit Entzükken, wie sie ihn mit Standhaftigkeit versicherte, daß ihr Vaterland sein Herz sei, in welchem sie ewig zu wohnen und zu herrschen wünsche.

Indeß ächte, reine Liebe der herrlichste Lohn des Benno ward, hatte Elias sein Schreiben vollendet, er sandte zu Benno, und dieser kehrte mit der angenehmen Nachricht zurük, daß auch sein Weib alles billige und genehmige.

So hört dann, sprach Elias, wie und was ich geschrieben habe. Er las ihm nun zwei Schreiben vor. Das erstere war an den vertriebnen Abt des Klosters gerichtet. Er gab ihm von allem in möglichster Kürze Nachricht, und forderte von ihm das heilige

Versprechen, nichts gegen die Veste, nichts gegen Bennos und der Seinigen Leben zu unternehmen, weil er sonst den römischen Hof höchlich beleidigen, sich alles Ersazzes verlustig machen, und sein Leben in Gefahr sezzen würde.

Das zweite war an seine Gönner in Rom gerichtet. Er verkündigte ihnen am Rande des Abgrunds, in welchen er unfehlbar hätte stürzen müssen, Freude und Sieg; machte ihnen Bennos und Mathildens Bereitwilligkeit zur Entsagung kund, und heischte in ihrem Namen hundert tausend Unzen Golds zum Ersazze ihres weit größern Verlustes. Der offne Benno fand die Summe zu groß, aber Elias meinte, daß Nachlaß der Forderung nie zu spät erfolge, er bat nur, daß Mathilde sein Schreiben zur mehrern Ueberzeugung mit unterfertigen möge, und rieth dem Benno, solches durch schnelle Bothen nach Rom zu fördern.

Mathilde unterzeichnete standhaft, und übergab das Schreiben einigen ihrer getreusten Diener, um es unter strengster Verschwiegenheit nach Rom zu überbringen. Das Schreiben an den Abt trug ein Eilbothe nach einer nahen Forstherberge, welche Elias benannt hatte; er kehrte schon am Morgen mit einer Antwort zurük, die viele Freude über des Elias möglichen Rettung enthielt, und zugleich die warnende Nachricht brachte, daß Ritter Benno das Faß Wein, welches von Dutlingen aus bestellt wurde, und morgen auf der Veste anlanden würde, vernichten solle, weil solches für den Wohlthäter ihres Bundsgenossen nicht trinkbar sei.

Benno und Mathilde freuten sich innig, daß sie so großer und nahen Gefahr stets

glüklich entgehen konnten, und wünschten jezt
selbst von Herzen, daß die ganze Sache bald enden möge, damit sie die Zukunft ruhig genießen,
sich ihrer Liebe ungehindert weihen könnten,
die eben jezt einen großen Ersaz verkündigte,
weil Mathilde ihrem Gatten mit hochgeröthe-
ten Wangen, und schamhaftem Blikke gestand,
daß sie Hoffnung habe, seinen Namen auf
die Nachkommenschaft fort zu pflanzen. Elias
kehrte nicht mehr in seinen Kerker zurük, er
wohnte in einem reinlichen Gemache, dessen
Thüre nur treue Wächter bewahrten.

Nach vier ruhig durchlebten Monden, in
welchen Mathildens Hoffnung zur Gewißheit
wurde, langten Abgesandte des römischen
Hofs auf der Burg an. Sie weilten nicht
länger als zwei Stunden, aber sie zogen mit
sichtbarer Freude von bannen.

Gg 2

Allen, selbst meinem Geschichtschreiber und folglich auch mir, blieb's ein Geheimniß, wie der Vertrag geschlossen, wie die Entsagung des väterlichen und der Vorahnen Erbe Mathilden und ihrem Ritter belohnt wurde. Doch ist's durch die Folge erwiesen, daß der erstere geschah, und die zweite reichlich seyn mußte, weil Mathilde nie mehr in ihr Vaterland rükkehrte, und der Ritter, durch Ankauf vieler Ländereien, Vesten und schöner Burgställen, einer der reichsten im ganzen Herzogthume ward.

Elias zog ledig und frei mit den Abgesandten fort, er heischte von dem Ritter dringend die Erlaubniß, Abschied nehmen zu dürfen, aber Benno weigerte sie hartnäklig, und versicherte seiner offnen Art gemäß, daß er wohl verzeihen, aber nicht vergessen könne.

Hedwig, die Retterin des gefangnen Bennos, hatte unter dieser Zeit die Wünsche des liebenden Jünglings erhört, und ihn zu ihrem Gatten erwählt. Der dankbare Benno machte ihn zum Vogte einer benachbarten Veste, welche er kurz nachher kaufte, schenkte Hedwigen viele Ländereien erb und eigenthümlich; und gründete ihren Nachkommen ein Erbe, das sie nach Jahrhunderten noch in ungestörter Ruhe genossen.

Agnese ward, wie Benno ihr nicht mehr werden konnte, die Frau eines ehrbaren, schwäbischen Ritters, kam mit diesen oft nach Bennos Veste, und war Mathilden stets als eine ächte Freundin willkommen. Hermella starb, ehe Mathilde gebahr, sie ging mit Haß über Mathilden aus der Welt, weil diese, ihrer Meinung nach, Agnesen Bennos Herz und Reichthum entrissen hatte.

Wie Mathilde schon ihr Ebenbild, eine schöne und gesunde Tochter, säugte, und eben mit ihrem Benno und dem kleinen Lieblinge im Arme unter der hohen Ulme, die im Vorhofe grünte, in vertraulichem Gespräche der vorigen gefahrvollen Zeiten gedachte, da meldete der Wächter einen fremden Ritter. Er forderte unter dem Vorwande, daß er ein Bothe aus Wällschland sei, Einlaß, und zog mit geschloßnem Visire ein. Ohne ein Wort zu sprechen, stieg er vom Rosse herab, löste seinen Harnisch, warf ihn samt den Waffen von sich, und blieb mit dem Helme auf dem Haupte vor dem Ritter Benno stehen.

Benno. Wer bist du? Wie soll ich dein Betragen deuten?

Der Fremde. (kehrte die leeren Taschen seines Wammes um, und schwieg abermals)

Benno. Sprich bald, wenn ich dir länger noch Geduld wahren soll!

Der Fremde. (mit noch geschloßnem Visire) Versteht ihr mich nicht? Ich spreche so deutlich. (abermals auf seine leeren Taschen deutend)

Benno. Wenn du Hülfe bedarfst, so heischest du sie auf eine höchst seltne Art.

Der Fremde. (wirft seinen Helm ab, Benno schaudert zurük) Ich komme, dich in deiner Redlichkeit zu stärken, dich zu mahnen, ferner auf dem Pfade der Tugend zu wandeln, sie führt sichern Lohn mit sich, gewähret wenigstens Gewissensruhe, aber das Laster — — (auf seine leeren Taschen deutend) Sieh, das ist sein Lohn!

Benno. Elias! Elias! du hier? Ich hoffte dich nie wieder zu sehen!

Elias. Auch ich hoffte es nicht, aber ich war meinem Gewissen, ich war dir die Ueberzeugung schuldig, daß dem Verbrechen auch hier schon Strafe folgt, und der Verräther nicht allemal goldnen Lohn erndet. — Ich hing mit seltner Treue an denen, welchen ich diente, jeder ihrer Winke ward von mir erfüllt, jedes Gebot streng vollzogen. Ich achtete nicht die Warnung des Gewissens, wenn sie böse Thaten heischten, ich trat Redlichkeit und Tugend zu Boden, um ihnen einen sichern Thron erbauen zu können. Hundert lange Jahre kämpften sie um Mathildens Erbe, meine Klugheit, mein Scharfsinn siegte, und sicherte ihnen dieß Erbe. Sie versprachen mir herrlichen Lohn, und ich erhielte — — Nichts!

Benno. Haſt du beſſern Lohn verdient?

Elias. Ich konnte ihn wenigſtens ſicher erwarten. Vom Verdienſte kann hier nicht die Rede ſeyn, ſonſt würde ich mit ſtärkerm Rechte fragen: Ob ſie verdienten, was ſie doch erhalten haben? — — Ihr Undank ſchmerzte mich tief, ich machte ihnen Vorwürfe, und ſie verbannten mich aus der Stadt, drohten mir mit ewigem Gefängniſſe, wenn ich wieder kehren würde.

Benno. Gott iſt gerecht!

Elias. Dieß dir zu beweiſen, war die Abſicht meines Zuges. Ich komme nicht, dein Mitleid zu erbetteln, denn ich verdiene es nicht, und gönne es willig einem würdigern. Hart dünkte es meinem Stolze, die den Triumph der Redlichkeit ſo anſchauend darzustellen, aber mein reges Gewissen forderte ihn, und ich gehorchte.

Benno. Wohin willst du nun ziehen?

Elias. Ich fand in deinem Forste eine Höhle, erlaube mir, daß ich dort wohnen, und abbüßen darf, was ich an Gott und dir verbrach.

Benno. Lauscht bei dieser Bitte nicht Tücke im Hinterhalte?

Elias. Ich verdiene diese Demüthigung! — — (er tritt näher zu Mathilden) Gott segne euch, und euer Kind! Donna, ihr seid ein Weib, ihr seid Mutter! Euer Herz muß jezt stärker fühlen! (er troknet sein Auge) Kann diese Thräne es nicht überzeugen, daß meine Reue ernstlich sei?

Mathilde. Ich verzeihe dir alles, denn du hast mich — sei's aus Vorsatz oder Ungefähr — vollkommen glücklich gemacht. Ich lebe vergnügt und zufrieden!

Elias. Dieß ist der Tugend Lohn! Prägts eurem Kinde von früher Jugend an fest ein, erzählt ihm, wenn's wankt, die Geschichte des ruchlosen Grimsaldi, und es wird zurückschaudern, eurer Lehre treu bleiben.

Benno. Ziehe in Frieden nach der Höhle! Dir solls dort an nichts mangeln, denn du hast meinen Glauben an Gottes Gerechtigkeit gestärkt, und mich fest überzeugt, daß der guten und bösen That hier und jenseits Lohn folgt.

Elias. (athmet tief) Eine mächtige Last löst sich von meinem Herzen, es

fühlt, und genießt, daß es eine gute That
übte. Heute muß Freude unter den Engeln
herrschen, denn ein großer Sünder beginnt
seine Buße. Lebt wohl! Betrachtet mich
noch einmal! Merkts euch! (auf seine
leere Taschen deutend) Dieß ist der
Lohn des Lasters!

Er schwang sich auf sein Roß, und zog
durchs offne Thor fort. Benno sandte ihm
einige Jäger nach, sie brachten ihm die Nachricht zurük, daß Elias wirklich in der wildes-
sten Gegend des Forstes, mitten unter den
hohen Felsenwänden, unfern eines Wasser-
falls, eine Höhle zu seiner Wohnung erwählt
habe. Benno sandte ihm am andern Tage Lebensmittel, und nährte ihn bis an seinen Tod,
der erst in zwölf Jahren erfolgte. Er verließ
unter dieser Zeit seine Höhle nie, betete stets
andächtig und reuvoll, und verhieß dem Rit-

ter, der ihn in der Folge oft besuchte, Gottes reichsten Lohn für seine Wohlthaten.

Wenn dann Benno manchmal auf die Jagd und bei der Höhle vorüber zog, den Elias im ächten, eifrigen Gebete fand, da blikte er gutmüthig nach ihm hin, und rief oft aus: Ich habe vergeben, ich will auch vergessen!

Benno lebte mit seiner Mathilde bis in das höchste Alter ruhig und zufrieden. Er dankte mit ihr Gott, wenn er oft hörte, wie Bürgerkrieg und immer währende Fehde Italiens schöne Gefilde verheere, daß er nicht durch Ehrgeiz geblendet, dahin zog, und im deutschen Vaterlande ein Glük genoß, welches er dort vergebens gesucht hätte. Mathilde gebahr ihm sechs Töchter, aber keinen Sohn. Sie wurden alle Weiber edler Ritter des schönen Schwabenlandes, und theilten sich, als Benno starb, ohne Zwist und Zank in sein großes Erbe. Sein Name verlosch, aber sein Andenken ward noch im spätern Jahrhunderte mit Segen und Dank gefeiert.

Ritter Emmersfeld hatte die Mönche wirklich aus ihrem Kloster verjagt, und ihre Ländereien in Besitz genommen, als sie aber bald hernach reuvoll um Vergebung baten, und ächte Besserung gelobten, da gab er das meiste zurük, und bereute seine That nie, weil die Mönche jezt elfrig dem Herrn dienten, und sich nicht mehr in weltliche Händel mischten.

Nach meines Geschichtschreibers Versicherung, ward Mathildens Erbe nun wirklich dem römischen Hofe zum Theile, er beherrschte diese Länder, und zog ihre Einkünfte, aber Friedrichs Bann wurde nach einigen vergeblichen Unterhandlungen doch nicht gelöst, die Fehde zwischen ihm und den Päpsten dauerte bis an sein Ende fort. Italien war der Schauplaz eines verheerenden Kriegs, dessen Folgen die Urenkel noch schwer fühlten.

Enzius vergaß seine Liebe zu Agnesen nicht, sie herrschte noch viele Jahre in seinem Herzen, er verwarf jede Heurath, die der liebende Vater ihm bot, weil keine ihm so schön als Agnese dünkte. Immer sprach er von ihr, immer wollte er einst wieder nach Deutschland rükkehren; als ihm aber die Gewißheit wurde, daß Agnese schon das Weib eines andern sei, da suchte er Zerstreuung im Kampfe und Kriege. Er ward ein tapferer Held, der seines Vaters Rechte mit Muth und Glükke vertheidigte. Die Bologneser nahmen ihn in einer unglüklichen Schlacht gefangen. Friedrich bot ungeheure Summen für seine Lösung, aber Bologna achtete den Ruhm, eines Kaisers Sohn als einen Gefangnen in seinen Mauern zu beherbergen, weit höher. Es verweigerte hartnäckig seine Freiheit, und Enzius starb nach zwei und zwanzig Jahren als der Gefangne dieser stolzen Stadt.

Jubilate Messe 1796.

Neue Verlagsbücher

von

Voß und Compagnie

in Leipzig.

Becker, R. Kayserbarts Leben und Schicksale, mit Kupf. 8. 1 Thlr. 8 Gr.
Bilderbuch, botanisches, für die Iugend und Freunde der Pflanzenkunde, mit deutsch. franz. und engl. Text. Herausgegeben von Fr. Dreves. 2ten Bandes 2r Heft, mit illum. Kupfern. 4. 16 gr.
Dolz, M. J. C. katechetische Unterredungen über religiöse Gegenstände mit einer gebildeten Jugend, in den sonntäglichen Versammlungen in der Freischule zu Leipzig gehalten. Zweite Sammlung. gr. 8. 16 gr.
Dresden, neues gelehrtes, oder Nachrichten von jetzt lebenden Dresdner Gelehrten, Schriftstellern, Künstlern, Bibliotheken- und Kunstsammlern. Herausgegeben von J. G. A. Kläbe. gr. 8. 18 gr.

Erholungen. Herausgegeben von W. G. Becker. 1s Bändchen 1796. 8.   1 Thlr.

Hefte, ökonomische; oder Sammlung von Nachrichten, Erfahrungen und Beobachtungen für den Land- und Stadtwirth. Herausgegeben von F. G. Leonhardi. Jahrgang 1796. 1s bis 4s Stück. 8. mit Churfürstl. Sächs. Privilegio. Der ganze Jahrgang   3 Thlr.

Journal für Fabrik, Manufaktur und Handlung, 1r Band. 1791. Zweite Auflage gr. 8.   1 Thlr.

Journal für Fabrik, Manufaktur und Handlung, 2r — 3r Band, oder Jahrgang 1792. Zweite Auflage, mit Kupf. gr. 8. 3 Thlr. 12 Gr.

Journal für Fabrik, Manufaktur, Handlung und Mode 1796. 1s bis 4s Stück, mit natürlichen Zeugmustern und illum. Kupfern gr. 8. Der Jahrgang complet. 5 Thlr.

La Coste, Fr. Neues deutschfranzösisches Wörterbuch. Ein Hülfsmittel zur bequemen Anwendung der neuen französischen Wörter und Redensarten, nach Leonard Snetlage Nouveau Dictionnaire Français contenant les expressions de nouvelle creation du Peuple Français, mit Abkürzungen und Zusätzen und einem französischen Register. gr. 8.   18 Gr.

Machern. Für Freunde der Natur und Gartenkunst. Mit einem Plane und colorirten Prospekten, gezeichnet von J. E. Lange, Conducteur in Leipzig, beschrieben von P. C. G. A. gr. 4. 2 Thlr. 16 Gr.

Mann, der kluge. Vom Verfasser des Erasmus Schleicher. 2r Thl. Schweizerpap. mit Kupf. 8. 1 Thlr.

Mittel zur Vertilgung schädlicher Thiere, zum allgemeinen Besten jeder Haushaltung in der Stadt und auf dem Lande. Zweite ganz umgearbeitete, vermehrte und verbesserte Auflage. 8. 1 Thlr.

Pastorets Betrachtungen über die Strafgesetze; aus dem Franz. Herausgegeben und mit einem erläuternden und berichtigenden Commentar auch Anmerkungen versehen von Dr. C. D. Erhard. 2r Theil. gr. 8. Mit Churfürstl. Sächs. Privilegio. 1 Thlr. 8 Gr.

Sammlung kleiner Aufsätze zur Bildung der Frauen, mit Kupfern. 16. gebunden 10 gr.

Sammlung kleiner Kupferstiche und Vignetten aus dem Verlage von Voſs und Comp. mit Erläuterung der Kupfer. 5r Heft. 4. 1 thlr.

Spieß, Krist. Heinr. Biographien der Wahnsinnigen, 3r Band, mit Kupf. 8. 1 Thlr. 8 Gr.

Spieß, Kr. H. die Reisen und Abentheuer des Ritters Benno von Elsenburg im Jahr 1225. Eine höchst wunderbare und doch keine Geistergeschichte. 2r Theil. Schweizerpap. mit Kupf. 8. 1 Thlr. 2 Gr.

— — desselben 3r und letzter Theil, mit Kupf. 8. 1 Thlr. 18 Gr.

Voß, C. D. auserlesene Bibliothek der allgemeinen Staatswissenschaft für Staats- und Geschäftsmänner, Gelehrte, Freunde und Beflissene dieser Wissenschaft. 2ten Bandes 1s Stück. gr. 8. 20 gr.

Wanderungen durch die Niederlande, Deutschland, die Schweiz und Italien in den Jahren 1793 und 94. 1r Theil. 8. 1 Thlr. 8 Gr.

— — desselben 2ter und letzter Theil. 8. 1 Thlr. 16 Gr.

www.ingramcontent.com/pod-product-compliance
Lightning Source LLC
Chambersburg PA
CBHW021427300426
44114CB00010B/682